生涯規劃自己來

洪鳳儀／著

金　序

　　近幾年來，生涯規劃是個相當時髦的名詞，散見於
各行各業，例如，大學生的生涯規劃、上班族的生涯規
劃、職業婦女的生涯規劃、教師的生涯規劃……等等。
這種現象的背後，反映出散佈在社會、教育、政治、傳
播等各階層的芸芸眾生，不甘於埋頭在現有的工作、學
習當中，也開始謹慎的駐足思考：「我現在的位置對
嗎？」「我將來要往何處去？」這樣的思考源自於一種
心靈深處的自覺，一種想要將未來掌握在自己手掌心的
急迫感。

　　我在大學教生涯輔導，研究生涯問題，推展生涯規
劃，也指導研究生做生涯問題的論文。一般最常遇到的
問題是：「生涯如何規劃？」甚至有人以懷疑的口氣質
問我：「你們一直在談生涯規劃，生涯真的可以規劃
嗎？」這兩個問題的層次不太一樣，前者是 know
how，後者是 know why。但是問題的來源有一個共通
處，那就是凸顯了生涯之不可捉摸的特性。現代人要的

是具體的、能控制的東西，也習慣於具體的、能控制的東西。面對抽象的生涯問題，對許多人言，平添了許多無法自己掌控的焦慮。更清楚的說，這種焦慮是一種陷於生涯困境中意圖解脫的自我掙扎，有其嚴肅的生命意義。

　　如何讓不可捉摸的生涯概念具體化，是解決生涯焦慮的途徑之一，也是生涯輔導從業人員努力的目標。本書即是一位生涯輔導的實務工作者，累積了多年的輔導經驗，呈現在大眾面前的具體成果。展讀再三，發現本書有許多的優點，值得向讀者們推薦：

　　其一，融會東西：生涯心理學的發展，在西方國家，特別是美國，已經有二十餘年的歷史。將西方生涯的概念引進國內，需要相當程度的對照與轉換。本書十分用心的將東方的寓言、佛經的故事或比喻融入生涯概念中，相互對照，彼此呼應，增加了可讀性。

　　其二，深入淺出：生涯心理學採擷了許多心理學其他領域的概念與方法，而生涯規劃直接脫胎於生涯心理學，有其學理的依據。本書適時適度的介紹相關的理論，文字淺顯，輕鬆易讀，不僅不會增加讀者的心理負擔，也同時提高了可信度。

　　其三，資料新穎：生涯心理學是一門仍在發展中的科學，相關的研究仍在不斷的進行，例如生涯信念的研究、生涯阻隔因素的研究等。國內也有若干相關的研究發表，而且實際運用在生涯的實務工作上。這些新的素

材也都納入在本書的章節中，可資運用。

　　作者洪鳳儀小姐畢業於美國紐約市哥倫比亞大學，
多年來在東吳大學生涯發展中心從事生涯輔導的工作，
經驗豐富。相信這本書對於有心想瞭解如何生涯規劃的
讀者，會有莫大的幫助。

　　　　　金樹人
　　　　　序於國立台灣師範大學教育心理與輔導系

鍾　序

　　以寓言為介說輔導諮商的前提，具有引發學習興趣與動機的作用，猶如名師上課往往先說個故事，以引起學生的學習動機與興趣，藉而集中其注意力。本書的結構類似教案，而特別著重學習者自我探索思考與演練。本書各章節，就有如在輕鬆有趣的諮商過程中，老師提供最佳的理念資訊以善導個案角色，使其嚮往於提昇自己的學養，於是神采煥發地重新肯定自己的人生。

　　藉寓言闡釋生涯因應之道，除了富有靈活的情趣，更能激發規畫生涯的靈感，喚醒良知良能，使人邁向正途，充分地發揮才智與潛能而怡然自得。

　　寓言所具弦外之音，隨著鑑賞者的教養經驗而彈奏出不同的音韻。本書作者自美國哥倫比亞大學研究所畢業回國，就應聘到東吳大學專任生涯輔導工作，並到國立臺灣工業技術學院兼任輔導工作，充分展現其心理輔導及生涯規劃的才華。她既受其父應用寓言的啟示，於是發揮專業知能與經驗，選擇恰當的寓言，條理清晰且

生動有趣地侃侃論述生涯的規劃，與探索演練之道。

　　本書所引用寓言的絃外之音已被她彈奏出卓特的韻味，有助於年輕人培植較正確樂觀的生涯理念，以因應各種不同的際遇。讀本書，就像直接面對作者請教生涯問題，在充滿情趣談笑間，受到作者的照顧指引而解決了困惑。當然，專責用心於輔導靑少年生涯規劃的同仁若熟悉此書，更能夠順遂靈活地傳道解惑，指導靑少年們發展自己的生涯。

　　我個人不是輔導諮商的專業人才，祇是在國立臺灣工業技術學院曾經主管策劃輔導的工作，延請了十多位專家來校値班照顧學生們；如今欣賞了這本書，頗爲自許所聘得人。故樂於爲之序介。

　　　　　　　　　　　　　鍾克昌
　　　　　　　　　　謹序於國立台灣工業技術學院

潘　序

　　學者林幸台曾強調生涯發展的三要素為「知己」、「知彼」、「抉擇與行動」，然而當我們在經歷生涯的時候，往往不知道自己的需求與條件，甚至對外在的工作環境也欠缺瞭解與認識，因此在抉擇上就常呈現過多的迷惑與徬徨，故而行動的力量也因此消滅甚至疲弱！

　　作者針對我們生涯的痛處與苦悶，以她紮實的理論基礎、豐富的實務經驗，點出了許多生涯思考的盲點，更難能可貴的是，她提出了許多思考的方向與建議。作者以她一貫充滿啓發的筆觸，穿插了許多故事、寓言、實例，使整本書的每一篇文章，都能輕輕鬆鬆開頭、清清楚楚的交待，到最後恍然領悟，甚至還陷入更深沈的思考。

　　看這本書，覺得有股說不出的親切，因為每篇故事的主角可能不是別人，某些部分，很可能就是我們自己，甚至是我們曾經思考多時，卻苦思不得其解的部分，作者以敏銳的觀察力把現象、問題、解決之道，深入淺出

的勾勒出來，並企圖開啟讀者更多元化的思考，用心之苦，使得這本書更具閱讀的價值。

因此，我個人非常樂見此書的出版，讓更多在生涯中努力探索的人，能找到思考的重點與方向，並使生涯的規劃更符合自己的需要，真正能踏實築夢。

自　序

　　由於哥倫比亞大學同學約瑟芬（Josephine Roo-pharine）的支持與提醒，使我鼓起勇氣，著手寫這本書。

　　我和約瑟芬都遠離家鄉到紐約求學。我來自台灣，她來自千里島（Trinidad），皆屬於少數民族的我們，很自然地就成為一起討論功課、趕報告、分享經驗的好朋友。記得，那時候剛開始接觸生涯，有些許排斥與埋怨。我心中的疑惑是：「為什麼要讀這麼多生涯理論？為什麼要談規劃生涯？很多人不知生涯、不做規劃，日子過得也不錯啊？」

　　更讓我覺得不可思議的是：美國人不僅重視生涯相關主題的研究，各大學亦設立生涯圖書館，例如加州柏克萊大學，或設有陣容龐大的輔導中心，如史丹佛大學的編制有二十二人之多，另外坊間更是出版了許多針對不同對象的大眾化生涯書籍。後來，我自己不斷探索，陸續修了幾門生涯相關課程，自己也開始在哥倫比亞大

學的輔導中心協助哥大學生及研究生做生涯規劃。對於生涯，我由先前的排斥、存疑、保留，到後來積極地想將生涯理念介紹給更多人知道。

在離開哥大之前，我和約瑟芬一起吃飯，我們說到回自己的國家分別想做的事，我說，我想寫書。轉眼間，回國多年，想寫書卻遲遲不敢動筆。我想寫一本易讀、易懂、不艱深、知識性的理論與經驗性的活動兩者兼備的生涯書籍。讀者可以從生涯智慧的理論、生涯點燈的活動與實例中，思考自己的生涯定位，進而能在工作生涯的長途賽跑中，跑出自己的夢想與風格。

駑鈍如我，國中時最怕作文課，害怕面對腸枯思竭的焦慮感。但是憑著一股傻勁，和先生錦恆的支持，竟也像「龜兔賽跑」中的烏龜一樣，慢慢地爬。慢慢地爬格子、寫書，竟成了下班後的休閒娛樂。

本書的完成，首先要感謝黃明城老師慷慨提供百喻經的故事，讓我增加不少靈感；銘傳管理學院劉璐琍老師的校稿與建議；以及東吳大學心理系李瑞玲主任、生涯發展中心陳若玲主任、國立台灣工業技術學院前任諮商輔導中心鍾克昌主任，他們協助我在生涯專業工作上的磨鍊與學習。最後，要感謝的是我的父母，尤其愛書如痴的父親，相信這本書是獻給他的最佳禮物。

洪鳳儀　謹識

民國八十五年三月　於東吳大學外雙溪

目　錄

第二部份　生涯起步篇

第四部份　生涯漫談篇

第一部份
生涯導論篇

生涯型態

引言

「在生命的歷程中，沒有任何方法如工作一般，可以使個人與現實如此緊密地結合；因為，工作至少能夠提供個人在現實的人類社會中一個安全的基地。」(Freud,1962)

何謂生涯型態

在人的一生當中，每個人扮演了多種角色；雖然每個角色對我們而言都是重要的，但是其中以工作者的角色佔去我們最多的時間與心血。

工作對於我們而言像是識別證，雖然職業不分貴賤，但是，識別證卻是有等級之分的；有些識別證看到了要敬禮，有些識別證卻是可以視而不見。

工作識別證會換，每換一次，就是生涯的轉折。

根據生涯的轉折與工作投入的狀況，我們稱之為生涯型態。

七種生涯型態

生涯型態的種類很多，每個型態背後都有訴說不完的故事。我們將常見的七種型態大致歸納為：

(1)步步高陞型 　　　　(5)得天獨厚型

(2)閱歷豐富型 　　　　(6)生涯因故中斷型

(3)穩紮穩打型 　　　　(7)一心多用型

(4)愈戰愈勇型

一、步步高陞型

說明：在一個組織內，認眞經營，即使工作地點或工作內容因公司的需要而有所改變，但是工作表現仍頗受主管的肯定，而步步高陞。

實例：老賴在一家頗具規模的家電製造公司工作二十多年，他從家電業的業務員開始做起。當初，因爲他的業績表現良好，頗能吃苦，且服務週到，客戶對他都非常欣賞。

後來，公司派他到南部開發市場，別人無法達成的業績目標，老賴做到了。幾年後老賴調回台北總公司擔任業務經理、業務副總。他還是喜歡人家叫他「老賴」，因爲這樣叫比較親切。

二、閱歷豐富型

說明：換過不少的工作，待過很多家的公司，工作的內容差異性很大，勇於改變與創新，而且學習力強，能面對各種突發的狀況。

實例：建興自生物研究所畢業，感嘆自己只是拿了一張文憑，志願並不在生物。他先當教授的研究助理，陸續又當過高中代課老師、儀器公司專員、藥廠研究員、貿易公司課長。每一次換工作，建興都是憑直覺做決定，幾次經驗下來，他說：

「我不清楚我要什麼。但我很清楚我不要什麼。而且，轉換工作也不見得都不好，至少我對各行業的認識比別人豐富，這也是一大收穫。」

三、穩紮穩打型

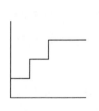

說明：在工作初期，處於探索階段，工作的轉換較為頻繁。經過一連串的嘗試與努力之後，終於進入自己所嚮往的工作與機構。此機構的升遷與發展有限，但是非常穩定，例如教職、公家機關、郵局、銀行等。

實例：裕民五專機械科畢業之後，順理成章到模具工廠上班，但他不喜歡工廠的工作環境。

而且，近來製造業不斷到大陸設廠，他對自己的工作前景頗為擔憂。轉換幾家工廠之後，同學勸他繼續唸書，考二技，但是，裕民心中自有定見，他打算參加公家機構的考試。目前，裕民已在台電上班，對於工作他感到非常滿意。

四、愈戰愈勇型

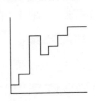

說明：工作生涯發展已有明確的方向，但是，因為某些原因受到打擊而重挫。挫敗之後，憑自己的毅力與能力，積極地往上爬，以更成熟的個性面臨挑戰；最後，工作中的成就遠超過從前。

實例：妙芬工作上的表現，著實令人欣賞；最近她被拔升為協理，同事們不僅不驚訝，反而為她感到高興。五年前，妙芬原本被看好會升為副理，但是公司內某些有心人士，針對妙芬所負責的財務工作大肆批評，甚至影射妙芬的私德有問題。當初，妙芬氣得想離職，以示抗議；後來妙芬自動請調到新竹的分公司服務，事件才逐漸平息下來。這幾年，當初的有心人士有的離職，有的退休；總公司為借重妙芬財務的專長，再度將她調回，並升她為協理，因此大家為她感到高興。

五、得天獨厚型

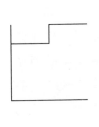

說明：對於自己的工作生涯，並沒有花太多時間在探索與嘗試，反而因為家庭的關係，很早就確定方向；經過刻意的栽培與巧妙的安排，進入公司的決策核心，並將組織發展與個人生涯密切結合。比如說，企業家的第二代就是最明顯的例子。

案例：震宇是「含著銀湯匙」長大的小孩，從小在台南長大，唸書有家教老師陪伴，上學有司機會負責接送。父親是民意代表，母親掌管家族企業的事務。在南台灣只要提起他父母親的名字，沒有人會不知道。震宇高中畢業後，就被送到日本唸大學，之後，又到美國舊金山唸企管碩士。他的英、日語都強，並具備國際觀與企業管理知識。碩士還沒畢業，父母便安排他在美國實習、工作，加強英文也加強工作閱歷。在三十歲那年，他回國準備接掌家族企業。在公司裏，震宇仍是從基層做起，只是別人花三年才能從組長升課長，他只要花三個月。震宇是所謂的青年才俊，不到三十五歲，他已是某公司的總經理了。他下個目標就是要讓公司的股票上市，並網羅更多人才為家族企業注入新的活力。

六、生涯因故中斷型

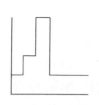

　　說明：生涯因故中斷型是指連續性的生涯發展因為某些因素而停頓，處於靜止或衰退的狀態。例如：身體有重病的人，花很多時間在治療、恢復，經濟上與情緒上處於脆弱與依賴的狀態，很難開展工作生涯的規劃。其他生涯因故中斷最明顯的例子是女性因為結婚生子而中斷工作生涯。依據行政院主計處統計，全台灣七百七十餘萬女性勞動人口中，平均每三個就業女性中，就有一人因結婚而退出勞動市場。由

此可見，生涯因故中斷的原因很多，尤其在比例上女性高於男性。

實例：艾玲婚前在廣告公司上班，與世平結婚之後，她發現身為醫師的太太，很難有份自己的工作。世平在醫院的工作很忙，壓力也大，晚上常常需要值夜班。如果艾玲是職業婦女，家中的事情誰料理？小孩子誰照顧？忍痛之下，艾玲辭掉喜愛的工作。婚姻生活十五年，兩個小孩唸國中，艾玲的工作生涯也中斷十五年。目前，艾玲生活的重心就在家庭與先生的事業。雖然有些遺憾，但是，看到孩子的成長與先生的成就，她也頗為滿足、驕傲。

七、一心多用型

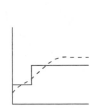

說明：生涯變化，各有巧妙。工作做久了，厭煩、倦怠、缺乏新鮮感，總是難免的。再喜歡的菜吃久了都會膩，更何況是每天投入八小時，每週超過四十小時的工作。所以，有份穩定工作，同時在工作之餘安排自己有興趣的事，在穩定與創新之間，尋找平衡點，可以使生活更為豐富。

實例：淑貞是個會計師，擁有會計師執照的她，工作非常忙碌，旺季時常要加班至晚上九點、十點。

「我的工作很繁重，但是，我承認自己蠻貪心的，我總認為我這輩子不只是當個會計師，我還想做點有意

思、有樂趣的事。即使不能爲我賺來財富，但是可以豐富我的生活。所以，朋友找我投資藝品店，我欣然同意，現在，我不忙的時候，都會過去走一走，看一看自己的店，我覺得是很有成就的。」

　　一心多用的淑貞，爲自己的事業生涯，添加藝術的色彩，這樣的規劃似乎有無限發展的可能。

結　語

　　每個人都是自己生涯交響樂團的指揮；要演奏出什麼樣的樂章、什麼樣的風格，端賴個人。

　　即將就業或已經就業的你，樂團就要開始演奏了，你準備好了嗎？

生涯點燈

想一想

(1)你所欣賞的生涯型態是：

_____

原因：_____

(2)你希望自己的生涯型態是：

_____

原因：_____

(3)就業至今，你的生涯型態是：

_____

原因：_____

生涯發展

引言

孔子說：「吾十有五而志於學，三十而立，四十而不惑，五十而知天命，六十而耳順，七十而從心所欲，不踰矩。」

由此可見，在數千年前，孔子已開始談生涯發展。

在西方，生涯發展論的基礎是綜合許多學者的看法而形成的，而舒伯(Super)加以綜合，並以長期的研究為基礎，將傳統的職業輔導注入新觀念，而形成近年來的生涯輔導。

舒伯的生涯發展論

舒伯於一九五七年提出生涯與職業發展的十二項基本主張（楊朝祥，1989）：

(1)職業是一種連續不斷、循序漸進且不可逆轉的過程。

(2)職業發展是一種有秩序、有固定型態、且可以預測的過程。

(3)職業發展是一種動態的過程。

(4)自我觀念在青春期就開始發展，至青春期逐漸明朗，並於成年期轉化為職業概念。

(5)自青少年期至成人期，隨著時間及年齡的漸長，現實因素，對個人職業的選擇愈形重要，例如人格特質及社會因素。

(6)對於父母的認同，會影響個人正確角色的發展和各個角色間的一致及協調，以及對職業計劃及結果的解釋。

(7)職業升遷的方向及速度，與個人的聰明才智，父母的社經地位，本人的地位需求、價值觀、興趣、人際技巧，以及經濟社會中的供需情況有關。

(8)個人的興趣、價值觀、需求、對父母的認同、社會資源的利用、個人的學歷，以及其所處社會的職業結構、趨勢、態度等，這些均會影響個人職業的選擇。

(9)雖然每種職業均有特定要求的能力、興趣、人格特質，但卻頗具彈性，以致允許不同類型的人從事相同的職業，或一個人從事多種不同類型的工作。

(10)工作滿意度端視其個人能力、興趣、價值觀及人格特質是否能在工作中適當發揮。

(11)工作滿意的程度與個人在工作中實現自我觀念的程度有關。

(12)對大部份人而言，工作及職業是個人人格統整的重心。雖然對少數人而言，這種機會是不重要的，或甚至是不存在的，只有社會活動及家庭才是他

們人格統整的中心。

在這十二項主張中，我們發現：

(1)生涯與職業發展的萌芽期自童年就開始了。對父母的認同、父母的社經地位，都影響小孩子對職業的看法和日後選擇。

(2)隨著年齡增長，一直到青春期，甚至成人期，自我概念與對外在環境的現實感逐漸形成。

(3)生涯與職業發展是連續的、有秩序的、無法回頭的。

因此，針對人一生的整體發展，舒伯歸納為以下三個層面（羅文基，民80）：

(1)時間：即一個人的年齡或生命時期，通常可分為：成長、探索、建立、維持、衰退五個階段。

(2)廣域或範圍：指一個人終其一生所扮演的各種不同角色，例如：兒童、學生、公民、休閒者、工作者和家長等。

(3)深度：乃是一個人在扮演每個角色投入的程度。

就時間而言，由出生至死亡，可劃分為五大生涯發展階段：成長、探索、建立、維持、衰退，見下圖。

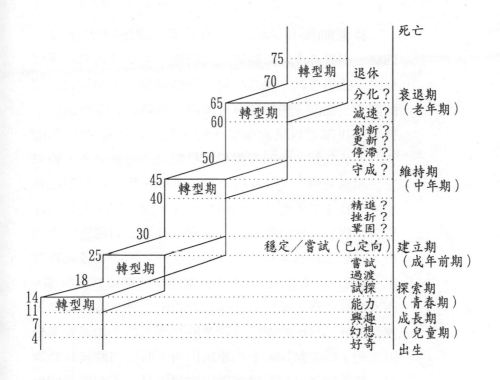

成長期(Growth)：從出生至十四歲左右。在這個時期經由遊戲、玩耍、電視媒體、家人觀察等方式，開始發展自我觀念。例如：我是當警察的文華，妹妹是當小護士的文儀，透過家家酒的遊戲，滿足小孩子的權威、冒險、模仿的想像，隨著年齡的增長，他們逐漸體認「我想演什麼角色」、「我適合演什麼角色」、「那些角色我最討厭」，遊戲對此時期的小孩而言，是豐富且具有啟發性的。生涯的初胚逐漸形成，但仍未穩定。

探索期(Exploration)：年齡範圍約在十五至二十四歲，涵蓋青少年時期與成人初期。主要活動都在學校學習，透過考試、課外活動、家教兼差、工讀等對自己的能力、性向、興趣等有片面的、概略的認識與試探；譬如「我確定以後大學聯考完，我一定不碰數學和理化」、「我對音樂很有興趣，我想以後唸音樂系，將來能夠開演奏會」、「我好喜歡玩電腦，我覺得電腦好有意思，我希望能整天坐在電腦前面，而不用去上音樂課和美術課」。此時期經過一連串的嘗試，面臨肯定與挫折，試驗某些職業長期發展的可能性。例如：成為音樂家，開個人演奏會，自己真的喜歡嗎？把電腦當做職業，而不是只在玩電動玩具，能力能夠配合嗎？這些問題，都是在評估目前的期望與職業的初步承諾。如果答案是否定的，職業試探需要再重新出發，時間也將延長數個月，甚至數年。如果試探階段拖得過長，下個階段的生涯發展任務將受影響。

建立期(Establishment)：年齡範圍在二十五歲至四十五歲之間；經由早期的幻想、試探之後，生涯初胚在此時成型，會呈現一種安定於某類職業的趨向。經由經驗的累積，逐漸建立起穩固與專精的地位。職位會有所調整，但所屬的行業不會輕易改變，在工作上力求升遷和進級。

維持期(Maintenance)：由成年邁入中老年的階段，年齡層在四十五歲至六十五歲之間。心態趨於保守，

享受數十年工作的成果；但少部份人要面對失敗和不如意的困境。

　　衰退期(Decline)：年齡在六十五歲以上，準備退休，想發展除了工作之外的新的角色，維持生命的活力，以減少身心上的衰退。

　　舒伯理論依年齡來劃分，但各階段並沒有明顯的區分。生涯發展，每個階段都有困難和抉擇，但只要能把握早期的階段任務，對於下一階段的發展就有更多的把握。

舒伯的生涯彩虹

　　就生涯的範圍而言，包含一生所有的角色。在每個年齡和生命階段，我們都因自己的身分、責任，而全心全意投入該角色的扮演。「吾十有五而志於學」，我們的角色是學校裏的學生。「三十而立」，我們的角色轉換爲成家立業的配偶、上班族，甚至爲人父母。

　　舒伯在一九七六和一九七九年之間，除了原有的生涯發展階段與任務之外，又加入融合生活廣度與生活空間的「生涯彩虹」（見下頁圖）。生涯發展與天上彩虹有什麼關連呢？空氣中的水氣經過陽光的照射，而產生彩虹，七彩的顏色，令人著迷。人的一生，所扮演不同的角色，經過時光隧道來看，從孩童、學生、上班族、社會公民，直到爲人父母，角色的轉換與多種角色同時

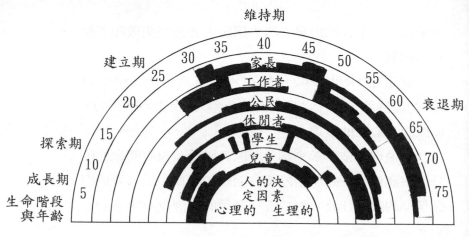

維持期

建立期

衰退期

探索期

成長期

生命階段
與年齡

家長
工作者
公民
休閒者
學生
兒童

人的決
定因素
心理的　生理的

資料來源：Super(1984).

扮演，令人深感生涯角色的豐富性。

　　就生涯彩虹的內容來看，陰影部份即是每一個角色
的投入程度。愈黑表示該角色所投入的程度愈多；愈多
空白，表示該角色的投入程度愈少。零至五歲時的角色
是兒童；入小學之後是學生、休閒者或遊戲者；二十五
歲左右開始投入就業市場，成為工作者；三十歲左右成
家，扮演配偶、家長的角色；四十五歲左右工作者角色
中斷，學生角色突顯，表示可能進修充電，再度加強專
業能力，提昇技能；四十八歲左右再度在工作中全力衝
刺，事業發展達到頂峰；此時休閒者與公民的角色逐漸
變得重要；六十五歲至七十五歲之間投入相當多的時間
在家庭；七十歲以後，休閒者與家長的角色最為突顯。

拉文森的生涯發展論

針對成年人的生涯發展以拉文森(Levinson)一九七八年的研究最具代表性。他的對象是三十五歲至四十五歲的男性，探討每個時期的生命現象對個體的影響。以四季為比喻，如春天（春耕）為青少年期，夏天（夏播）為成年早期，秋天（秋收）為中年期，冬天（冬藏）為成年晚期。每個時期的發展情形，以及可能面臨的危機，請參考下圖：

生理年齡	發展情形	時期	發展任務	可能的危機
六十五歲以上		成年晚期	（略）	孤獨、照顧
六十至六十五歲	晚成年轉換期	中年期	1.發展睿智、慎思熟慮、憐憫等品質，有些人繼續成長、創造；有些人則停滯與衰退。	退休自處
五十五至六十歲	中年高峰期		2.面對中年危機後進入穩定期，再進入中年高峰期。	
五十至五十五歲	五十歲轉換期		3.為生命中最有成就的階段。	生理衰退或疾病
四十五至五十歲	進入中年期			離婚、再婚
四十至四十五歲	中年轉換期	早成年期	1.瞭解自己，瞭解他人，在工進發展自我，發展自己選擇的生活模式。	工作改變、遷居
三十三至四十歲	安定時期		2.建立穩定的生活結構、樹立理想、發展職業成就。	

二十八至三十三歲	三十歲轉換期		3.以不同角色對待異性，學習與異性朋友往來及成為親密的伴侶。	
二十二至二十八歲	早成年轉換期		4.事業發展，企圖在社會上獲得一席之地。	
十七歲至二十二歲				謀職、新婚
十七歲以下	兒童和青少年時期	(略)	

資料來源：張德聰（民84），改編自 Lasker & Moore.1980.

結語

　　生涯發展是動態的歷程，在這個人生方程式裏我們看到在每個生涯發展階段的規則與脈絡；但是，方程式的函數不同，其內容與結果也就充滿獨特性與唯一性。

　　成長、探索、建立、維持、衰退，是自然界的法則。不管是生涯，還是生理、心理等方面，每一個人皆由嬰幼兒快速成長階段，而進入成年的維持階段，與老年的衰退階段。

　　人的一生如此，四季的變化（春耕、夏播、秋收、冬藏）與一天的光陰（早晨、下午、黃昏、夜晚），都隨著這樣的韻律法則擺動。

　　生涯發展探討的是在自然法則裏環環相扣的事情，沒有春耕、夏播，那來的秋收與冬藏？生涯發展的終身性與整體性，在這裏得到最好的註解。

灰姑娘的一生

　　灰姑娘嫁給王子之後，就過著幸福、美滿的日子嗎？

　　如果灰姑娘仍滿意她的婚姻生活，只是不喜歡城堡裏皇宮的單調生活，或是王子的收入越來越不穩定，她將如何規劃她的生涯呢？

年齡	居住環境與角色	工作與活動	所需技能、態度、人格特質	收入
18歲	破舊的房子 角色：女兒、妹妹	打掃房子 到田裡種南瓜 養小動物 勤運動、保持良好身材 練習穿高跟鞋	勤奮、認真 富有愛心、工作獨立 把握學習機會 放開心胸，不因繼母偏心而自怨自艾 喜愛美的事物，充實自己	無
30歲	城堡 角色：皇后、母親	照顧小王子生活起居 洗三溫暖、做臉，參加瘦身美容，以免身材變型，失去吸引力 接受美學、禮儀的訓練	溫柔、有耐性 讓自己成為王子的最佳女主角 認真向學並勤作筆記，將所學充分吸收	王子給的零用錢以及生活費
40歲	皇宮、大學 角色：進修者、母親	到大學修藝術與設計課程 看書展、聽皇室音樂會，到世界各地旅行 陪伴小王子唸書 偶爾兼差為服裝公司設計女鞋	讓自己的世界觀擴展，而不僅是皇室的傀儡 將設計課程與皇室生活結合	一年一千美元
60歲	都市裡的豪華大廈 角色：工作者、公民	專門設計迷人、舒適的女鞋，並到世界各地介紹她的鞋子，並從事慈善活動	良好的設計能力與藝術品味 富愛心，且全心全意投入工作	一年百萬美元

資料來源：改編自 Choies: A Teen Woman's Journal for Self-Awareness and Personal Planning.

你自己的藍圖

年齡	居住環境與角色工作和活動	所需技能、態度、人格特質	收入
18 歲			
30 歲			
40 歲			
60 歲			

想一想

　　這是你的生涯彩虹圖，你如何著色呢？

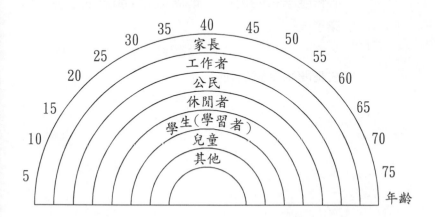

提醒你：

　　(1)這些角色的名稱是可因每個人的差異性而改變
　　　的。
　　(2)著色前，你可選擇單一顏色或彩虹的多色。
　　(3)顏色越重、越濃，象徵這個角色你投入越多。
　　(4)每個角色，所包含的年齡，可根據每個人的狀況
　　　來決定。例如朝祥重視學習，所以學習者的角色，
　　　對他而言是七歲至七十歲。而盛發從高職開始半
　　　工半讀，工作者的角色提前至十五歲就開始。

(5)每個角色，在不同年齡層的意義與重要性是不同的。例如：文如工作者角色最重的年齡是二十五歲至三十五歲，之後她因為照顧小孩的緣故，重心轉至家長的角色，此時家長的顏色就變廣、變深了。

現在請開始試試看吧！

生涯規劃

引言

在人生的舞台上，爲什麼有些人的演出能獲得如雷的掌聲？爲什麼有些人的演出，荒腔走調，令人抓不著頭緒？

或許有些人演戲的天份來自遺傳；但是，大部份能夠在舞台上佔有一席之地的人，都是經過一番的努力、磨鍊與經營。

基本上，成功的生涯規劃有些是來自個人與家庭的優厚條件；但是，眞的能在生涯路上走出自己的一片天空，還是要經過許多內在、外在的淬鍊與考驗。

生涯規劃的定義

顧名思義，生涯規劃是一個人盡其可能地規劃未來生涯發展的歷程，考慮個人的智能、性向、價值，以及阻力、助力，做好妥善的安排，期望自己能適得其所，而不是一顆擺錯位置的棋子。

至於「盡可能地規劃未來……」的意義在於「盡人事，聽天命」。對於我們所能做到的，全力以赴；至於生命中諸多個人無法掌握的因子，例如颱風、地震、突如其來的天災人禍等，我們只能以冷靜的心來因應、面對。

生涯規劃基本要素

　　生涯規劃的五大要素是：知己、知彼、抉擇、目標、行動。

　　知己是瞭解自己這個人，向內看，看自己的興趣、能力、價值觀、個性、性向，以及父母的管教態度、學校與社會教育對個人產生的影響等。

　　知彼是探索外在的世界，包括行職業的特性、所需的能力、就業管道、工作內容、工作發展前景、行職業的薪資待遇等。

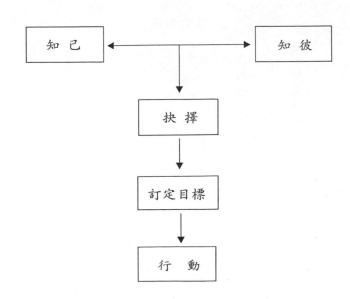

知己是瞭解自己本身的特性，知彼是瞭解工作舞台的特性。以武俠小說的觀點而言，知己是知道自己武功的門派、歷史、自己功力的深淺，以及此門武功的特性、優點、缺點；知彼是瞭解當今世上有那些武功，武林之間的大事與恩怨情仇等。在職場上，知己與知彼之間的密切關連，可參考圖一。

圖一　知己與知彼的連結

職業的分類與內容

你的興趣

職業所需特質

你的人格

你的能力

職業所需能力

你的需求和價值觀

各類職業報酬率

內圓表示個人的內在世界（知己）
外圓表示外在的工作世界（知彼）
資料來源：Wood（1990）

抉擇，包括抉擇技巧、抉擇風格，及抉擇可能面臨的衝突、阻力、助力等。抉擇之後是為自己訂定目標。武俠小說的男主角可能面臨的抉擇是要不要參加武林中的盟主爭霸；要與不要之間，考慮的不僅是個人的實力（知己），還要為本門派在武林中的地位（知彼）著想。

抉擇之後是訂定目標，然後採取行動。

知己知彼，才有可能百戰百勝，而不是一定能百戰百勝。武林中，百戰百勝的前提是熟知自己的武功招術，瞭解對方可能採用的招術，以及自己如何破解對方的方法。破解對方的凌厲招術是目標，學習破解的技術是行動。有了積極行動之後，戰勝的機率更高了。

便捷的生涯規劃方法

瞭解生涯規劃的基本要素（知己、知彼、抉擇、目標、行動）之後，我們忍不住會問：「什麼是生涯規劃的方法？」以下是便捷、常被廣泛使用的方法(Wood，1990；朱湘吉，民80)：

(1)自然發生法：最常見的情形是：學生在聯考後，填寫志願時，並未仔細考慮自己的性向、志趣，只要找到分數所能錄取的學校、科系，便草草地簽下了自己的一生。

(2)目前趨勢法：跟隨現在市場的趨勢，盲目地投入新興的熱門行業，例如與日俱增的「股票族」。

(3)最少努力法：選擇最容易的科系或技術，但祈求最好的結果。

(4)拜金主義法：選擇待遇最好的行業。

(5)刻板印象法：以性別、年齡、社會地位等刻板印象來選擇，例如女性較適合從事服務業。

(6)櫥窗遊走法：到各種工作場所走馬看花一番，再選擇最順眼的工作。

(7)假手他人法：由他人替自己決定和選擇。這些人包括：

(A)父母或家人：因為過去細微末節的事是由他們決定的。

(B)朋友或同僚：因為他們是你最好的朋友，不會害你的。

(C)老師、指導教授或輔導員：因為他們是專家，應該有超人一等的見解。

(D)牧師、神父或神明：因為他們是最有智慧的人，能夠洞燭機先、鑑往知來。

(E)社會：因為自己是社會的一份子，必須履行公民的責任，造福社會。

這些便捷的生涯規劃法的優點及缺點如下：

(1)優點是省時、省力、不用花費太多心神、在短時期內的效率很好。以比喻來說，類似速食麵，又快又簡單，還可以短暫地填飽肚子。

(2)缺點是較無法根據個人的能力、特性做長遠的規劃。速食麵可以暫時止飢，但是養份似乎不足。以自然發生法為例，進入分數能錄取的學校、科系，短暫解決煩惱，但是在完全沒有考慮自己的性向、能力、個性與就業條件等因素之下，將來所面對的生涯風險就比較高。

因此，任何的生涯規劃法如果能將生涯規劃基本要素納入考慮，並且參考下面將討論的生涯規劃模式，將使風險降到最低。

生涯規劃模式

此模式是由三個三角形和一個圓形所組成（見下頁圖），而生涯決定是它們彼此直接的連結。

圓形是此模式的核心部分，表示一個人想要達成的生涯目標。此目標的設定，深受環繞著核心的三個小三角所影響，每個小三角形都是生涯探索與規劃的重點，其內涵與實例如下：

(1)第一個小三角形是指「自己」：包括能力、性向、興趣、需求、價值觀。

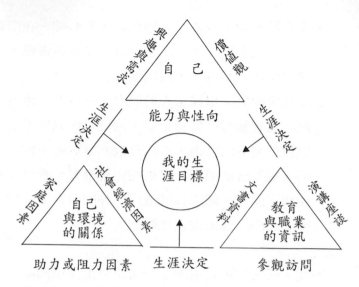

自己

價值觀

能力與性向

生涯決定

自己
與環境
的關係

我的生
涯目標

教育
與職業
的資訊

助力或阻力因素　　生涯決定　　參觀訪問

資料來源：張添洲（民82），生涯發展與規劃，p.172
（取自Swain,1989）。

實例：光華對大自然的一草一木有濃厚的感情，從小在鄉下長大，在田裏、河川嬉戲、玩耍。近年來環境污染日趨嚴重，讓他深感痛心。法律系畢業後，光華全力衝刺考上檢查官，目前他在花蓮服務。法院工作，符合光華想為社會伸張正義的價值觀，而且在花蓮上班，使他更接近山水、海洋，滿足他的興趣與需求，所以，只要有空，他總是喜歡登山、釣魚、露營、賞鳥。在能力與性向部分，法院工作符合光華在學校的訓練，同時，他偶爾也為環保團體擔任義務的法律顧問，提供他的專業建議。

所以，光華的工作頗能滿足自己的興趣、性向、能力、需求和價值觀。

(2)第二個小三角形是指「自己與環境」的關係：包括助力或阻力因素、家庭因素和社會因素等。

實例：光華的父親是軍人，從小灌輸他事情的是非對錯，對社會有份使命感。受父親的影響，光華一直希望工作中能扮演正義使者的角色，對社會有貢獻。至於母親則希望光華能有份安穩的工作，不要整天想爬山、釣魚。光華的哥哥是老師，當初選填志願時就告訴光華，在法治社會，懂法律對自己是個保障，如果可以通過國家考試，就業方面的困難就比較小。在阻力部份，光華有色盲，但對於他的法律工作沒有影響。光華的個性比較猶豫不決，拿不定主意，因此常受別人看法所影響。在助力部份，光華的記憶力強，文筆好，常登山的結果，也使得他的體力和耐力都很不錯。

(3)第三個小三角形是指「教育與職業的資訊」：包括參觀訪問、文書資料和演講座談等。

實例：光華在學校時參加讀書會，與同學一起唸書、討論、分享，增加很多資訊來源。並且，系上舉辦的座談會，他一定參加，與學長、學姐密切連繫，他們也樂意為他傳授考試的技巧和準備的方向。同時，光華在大三就報名應徵系上的法律服務隊，正式成為隊員之後，光華開始與校外人士接觸；他覺得這樣的經驗，對他日後與環保團體接觸有很大的影響。

這三個三角形是生涯發展與規劃的重點。史萬(Swain)將複雜的生涯理論，以簡單、明瞭的圖形呈現出來，使得生涯規劃有架構可循。即使如此，每個人的主觀判斷，會有比重上不同輕重的考慮，產生不同的生涯決定，所達成的生涯目標也因此呈現每個人的獨特性與原創性。

結語

「條條大路通羅馬。」

生涯規劃方法何其多，有些浪漫，有些理性，有些依賴，有些獨立。

規劃的目的，不見得是讓每個人「成大功，立大業」，我想「擇其所愛，愛其所擇」是最終目的。

想一想

　　看完光華的例子，有沒有想到「你」自己的生涯規
劃模式？（請完成下列的句子，千萬不要漏題）

第一部份：自己

我是：＿＿＿＿＿＿＿＿＿＿＿＿＿＿

我不是：＿＿＿＿＿＿＿＿＿＿＿＿

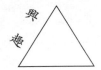

我重視：＿＿＿＿＿＿＿＿＿＿＿＿

我不重視：＿＿＿＿＿＿＿＿＿＿＿

我的興趣是：＿＿＿＿＿＿＿＿＿

我完全沒有興趣的是：＿＿＿＿＿

我曾參加的訓練是：＿＿＿＿＿＿

我喜歡的科目有：＿＿＿＿＿＿＿

第二部份：自己與環境的關係

家庭因素

我的家庭對我未來的工作的影響是：

_____

家人對我的期望是：_____

社會經濟因素

我期望工作的收入是：_____

我期望工作的社會地位是：_____

阻　力

我的阻力有：_____

我的阻力來源是：_____

助　力

我的助力有：_____

我的助力來源是：_____

第三部份：教育與職業資訊

文書資料

對於我可能想從事的工作，我找過的資料有：_____

_____

這些資料，我特別有印象的是：

_____

演講座談

對於我可能想從事的工作，我參加過的演講座談有：_____

_____

這些活動，我特別有印象的是：

_____

參觀訪問

我曾正式或非正式參加過那些公／民營機構或單位：_____

_____

那些機構，我特別感到興趣，想進一步瞭解：_____

_____

第四部份：我的生涯目標

我的生涯目標

以上的問題，我的回答有無衝突之處：

_____

以上的問題，我的回答有無相似或共通之處：_____

_____

答題過程中，我覺得自己那一部份尚不足夠：_____

_____

我初步擬出的生涯目標是那些？

_____

擬出目標後，我打算如何準備呢？

_____

童年經驗與職業選擇

引言

「成長背景對於一個人的職業選擇有無影響？」

「父母對子女的管教態度，如何影響子女日後職業選擇的方向？」「童年時期與父母相處的經驗，是否會使某些人日後選擇特別與人有密切接觸的工作，或特別與人不接觸的工作？」

羅安的職業選擇論

學者一直積極探討與研究「那些因素對於一個人的職業選擇上比其他因素扮演更重要的關鍵地位」。有人從經濟角度來看，認為是收入；有人從需求的角度來看，認為是價值觀；更有人追溯至兒時回憶，試著分析童年時期與父母的經驗（愛、關懷，或是拒絕、疏忽）與日後職業選擇上的關連。

羅安(Ann Roe)在此方面的研究最為完整。羅安認為一個人發展方向受遺傳與環境的交互影響，特別是童年時受挫或滿意的經驗，對於職業選擇方向有重大的影響力（見下頁圖）。羅安的職業選擇論追溯自幼年時的親子互動經驗。她將父母的管教態度分為三類：(1)關心子女：包括過度保護及過度要求。(2)逃避：包括拒絕及疏忽。(3)接納：包括不確定的接納及愛的接納。

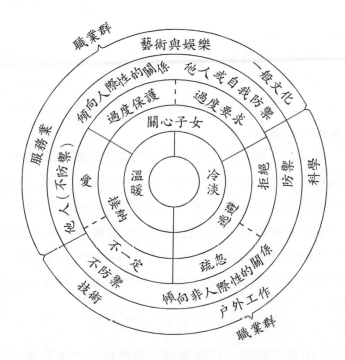

資料來源：Roe(1957)

㈠關心子女——溫暖或冷淡

　　這種互動，包括過度保護及過度要求兩種情形。這
種類型的父母，大多能滿足衣食住行等生理需要，但對
子女的心理需要是條件式的滿足。此類型的父母，對子
女有相當高的期望或要求，只有當子女達到這些標準
時，才會給予獎勵。

㈡逃避──冷淡

這種冷淡的互動，包括拒絕和疏忽。此類型父母因為個性特質或工作忙碌等因素，疏忽子女情感上與心理上的需求。子女很早就學會獨自生活，缺乏人際互動。

㈢接納──溫暖

溫暖的互動，包括愛的接納與隨意的接納。隨意的接納較採取任其發展的態度，愛的接納能滿足子女情感上、生理上及心理上的需求，尋求子女的最佳發展。

因此，基於童年家庭經驗的影響發展出與人際關係、情緒反應、活動、職業選擇等有關的態度與興趣。其關係如下所述(Roe & Siegelman,1964；林幸台，民76)：

(1)生長於關愛、過度保護及過度要求的家庭者，將發展出傾向於人的性格，而選擇與他人有關的職業。

(2)生長於拒絕、忽略或不穩定接納的家庭者，將發展出傾向於與人無涉的性格，而選擇與他人無關的職業。

(3)若個人感受家庭過度保護或過度要求的情況非常嚴格，則可能產生強烈的防衛與侵略性格，形成非人際的傾向。

(4)若干來自拒絕型家庭的人，為尋求補償，亦可能發展人際傾向的性格。

(5)關愛與不穩定接納的家庭，可能提供充足的人際
　　關係，因此其他因素（如能力）較個人的需要更
　　能影響其對人的反應傾向。

　　所以，如果家庭的氣氛是溫暖、愛、接納、保護的，
子女日後便較有可能選擇與人有關的職業，例如服務
業、文化、藝術與娛樂、行政類工作等；反之，生長在
拒絕、冷漠、要求、疏忽的家庭裏，子女日後選擇的工
作偏向科學、電腦、戶外活動、技術類的工作。

　　俊明生長在破碎的家庭，父母離婚，父親開計程車，
母親不知蹤影。以前常看到父母爭吵、口角，從來不曾
感覺到家庭的幸福、美滿。小學時，老師教唱一首歌，
第一句他就不同意，內容是：「我的家庭真可愛，幸福
美滿又安康……」。俊明沒有要好的朋友，他覺得人是
可怕的，會彼此傷害，他甚至考慮以後要不要結婚。長
大以後，他順理成章選擇機械系就讀，課餘時間他喜歡
玩電腦、寫程式，目前他仍是未婚。

　　從俊明身上，我們看到父母的婚姻關係，影響下一
代對婚姻與職業的選擇取向。

羅安的職業分類

　　羅安首先將職業分成兩大向度（和人有關及和人無
關的工作）以及八大職業組群（服務、藝術與娛樂、文

化、科學、戶外活動、技術、行政、商業活動）。然後，她再依職業難度和責任水準的高低，分爲高級專業及管理、一般專業及管理、半專業及低度管理、技術性、半技術性、非技術性六個層次，而形成一個職業分類系統。如下頁圖。

羅安的職業分類系統，使得她聲名大噪，也因此在生涯發展的學術界佔有重要的地位。

結語

羅安的見解是從童年與父母關係的角度出發，在了解職業選擇取向上是非常創新的。或許她的理論無法解釋爲何在同一個家庭長大的小孩，有著類似的童年經驗與父母對子女的管教態度，但是子女在職業選擇上卻有很大的差異。或許，這與子女本身的特質，以及父母分別對他們不同的期望而有不同的教育方式攸關──例如：期望女孩子多從事人際傾向的工作（老師、護士），期望男孩子從事技術傾向而非人際傾向的工作（工程師、木匠）。

影響工作生涯選擇的因素很多，羅安提供我們另一個思考的方向。

層次\n\n組群	1.專業及管理（高級）	2.專業及管理（一般）	3.半專業及管理	4.技術	5.半技術	6.非技術
1.服務	社會學家\n心理治療師\n社會工作督導	社會行政人員\n典獄長\n社工人員	社會福利人員\n護士\n巡官	士官長\n廚師\n領班\n警察	司機\n廚夫\n消防員	清潔工人\n守衛\n侍者
2.商業交易	公司業務主管	人事經理\n營業部經理	推銷員\n批發商\n經銷商	拍賣員\n巡迴推銷員	小販\n售票員	送報生
3.商業組織	董事長\n商會\n企業家	銀行家\n證券商\n會計師	會計員\n郵務人員\n秘書	資料編纂\n電報員\n速記員	出納\n郵差\n打字員	小弟\n工友
4.技術	發明家\n工程研究員	飛行員\n工程師\n廠長	營造商\n飛機師	鎖匠\n木匠\n水電工	木匠學徒\n起重機駕駛\n卡車司機	助手\n雜工
5.戶外	礦產研究員	動、植物學家\n地理學家\n石油工程師	農場主人\n森林巡視員	礦工\n油井鑽探工	園丁\n佃農\n礦工助手	伐木工人\n農場工人
6.科學	牙醫\n醫師\n自然科學家	藥劑師\n獸醫	醫事技術師\n氣象員\n物理治療師	技術助理		非技術性助手
7.文化	法官\n教授	書記\n新聞編輯\n教師	圖書館員\n記者\n廣播員	職員	圖書館管理員	送稿件工友
8.藝術	指揮家\n藝術教授	建築師\n藝術評論員	廣告藝術工作員\n裝潢師\n攝影師	演藝人員\n櫥窗裝潢員	模特兒\n廣告描製員	舞台管理員

資料來源：林幸台（民76），p.78，取自 Roe（1984）.

想一想

(1)你覺得父母對你的管教態度是那一類型？

　(過度保護、過度要求、拒絕、疏忽、隨意的接納、

　愛心接納)

　原因：_____

(2)如果你的父母改變對你的管教態度，你覺得對你將有

　何影響？

　原因：_____

(3)在羅安的職業分類系統中，你想從事的職業，是屬於

　哪個或哪幾個層次及組群呢？

　原因：_____

(4)你所選擇的職業組群，如何反映你的幼時經驗，及父

　母的管教態度對你的影響？

　_____

(5)針對這些影響，你會想做任何改變或突破嗎？

　_____

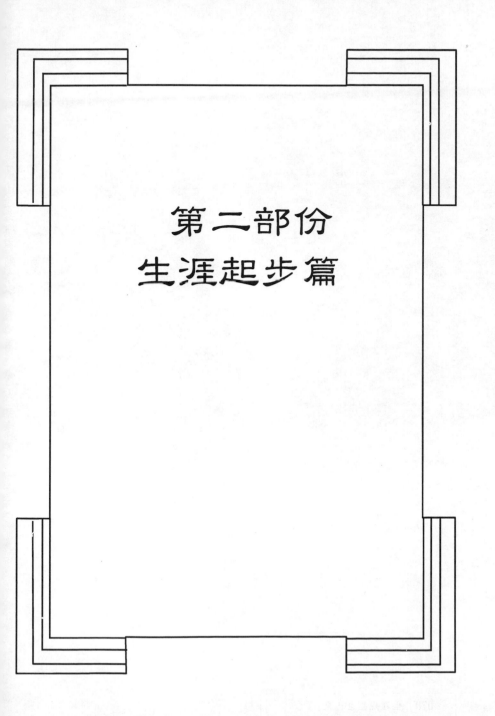

第二部份
生涯起步篇

心理測驗

看好家門 （百喻45）

　　有一個人將要到遠方去，臨走時告誡他的僕人說：「你要把門看好，同時也要看緊驢子和繩索，千萬不要疏忽了。」

　　當這位主人走後，恰巧鄰里中有戶人家正在奏樂演戲。

　　這個僕人想去聽戲，又放不下心，於是他就想了一個辦法，拆下門板，再用繩子把門板綁在驢背上，安心地牽著驢子去聽戲。

　　僕人走後不久，家中來了小偷，把財物全部偷走。主人回來後見此情形，便責問僕人說：「財物那裏去了？」

　　僕人回答說：「主人吩咐我要看好門，看好驢子和繩索。至於其他東西，我就沒去注意，你問我財物哪裏去了，我怎麼知道！」

　　主人一聽又好氣又好笑地說：「留下你看守家門，就是為了要看守住財物。既然財物丟光了，看守住門板又有何用呢？」

動動腦

1. 看好家門的目的，是看守家中財物。心理測驗的目的，是什麼呢？
2. 做心理測驗時，你除了想知道測驗的結果之外，你還會想知道測驗的由來、測驗的目的和功能嗎？
3. 家門是進入家中的最佳途徑，心理測驗是不是瞭解自己的最佳途徑呢？除此之外，瞭解自己有那些方法呢？

生涯智慧

「看好家門」是指照顧整個家，尤其是家中的財物。至於「家門」本身並不是重點。朋友請你到他家「吃飯」，飯也不是重點，往往菜色、氣氛、喝酒、聊天才是朋友相邀最主要的目的。

一、測驗的迷思

「做測驗，瞭解自己」是同學掛在嘴邊常說的話，但是，有很多同學常常心血來潮到輔導中心做測驗，做完測驗（也沒看到測驗結果），人就不見了，再也不曾看過他再進輔導中心的大門，那麼所做的測驗就是白白的浪費，對自我瞭解完全沒有幫助。

做心理測驗，不是解決生涯困擾的萬靈丹！

做心理測驗，不是算命，不是來聽聽看算命仙說的「準不準」！

做心理測驗，不是逛街買衣服，不可以試穿這件不滿意再試穿別件，全部都試穿完了再決定要不要買，或者都不買，到別家再去逛。

做心理測驗，不是唱卡拉ＯＫ似的，可以採包廂制；一群人進去唱，越唱越帶勁，而且人多才熱鬧，餓了還可以點餐或來杯冷飲。

做心理測驗，不是沒課時打發時間的最好方法，反正閒著也是閒著，好玩嘛！

二、何謂心理測驗

什麼是心理測驗呢？

心理測驗是一群心理學家或測驗學家以特定的理論為基礎，用科學的方法，經過設計問卷、抽樣、統計分析、建立常模等程序，所編製的評量工具。

可靠性和正確性是所有心理測驗共同追求的理想；但畢竟理想與現況是有差距的。

三、測驗的誤差

雖然測驗的編製過程是客觀而嚴謹的，但任何一個測驗仍有許多無法預測的誤差會影響測驗的結果。誤差原因包括：測驗題目是否過於簡單，而且敍述模糊；題

目是否太多、太長，容易使答題者不耐煩；測驗時個人的身心狀態，是否因為熬夜或考試，心情是否太過興奮或處於低潮，而使注意力無法集中；測驗時所處的環境，如果太吵、太暗、太悶，也會影響測驗結果。其他原因，如測驗頻率過於頻繁、不願依個人真實情況作答，或以好玩的心情來做測驗等，也是常見的誤差來源。

測驗的誤差也可能來自文化、人種及語言能力的差異，例如閱讀能力不佳的學生，可能閱讀速度過慢或誤解題意而導致無法準確。在美國，曾有人提出因測驗題目設計內容欠缺週延的考量，而使得種族、社經地位成為誤差來源。

四、測驗的歷史

心理測驗發軔於十九世紀末，於第一次世界大戰時開始大量的派上用場。一九一七年，超過一百五十萬的士兵被徵召入伍，短期內這些士兵的分發、調度、管理是一大難題，集體施測(group testing)在此時發揮了功能。根據士兵的智力水平，予以任務派遣。大戰後，各級學校，自幼稚園至研究所也開始大量運用心理測驗。自此之後，心理測驗被廣泛地運用於各種不同的對象，監獄內的犯人也包括在內。

五、測驗的種類

目前，台灣常見的測驗是：

(1)學科成就測驗：目的在測量學生們的學習成就。

(2)智力測驗：在瞭解學生們的智慧能力。目前智力
　　測驗趨勢是將智力視爲多種能力而非單一能力的
　　組合，而且逐漸由兒童擴展到一般成人。

(3)人格與性格測驗：在瞭解學生的人格、個性特
　　質、人格適應等問題。

(4)性向測驗：在測量學生在某種活動或領域上的特
　　殊潛能，以預測在未來活動中的表現，增進自我
　　認識，達成生涯決定的參考。

(5)職業興趣測驗：在瞭解學生職業方面的興趣，作
　　爲生涯規劃的重要參考。

　　以東吳大學生涯發展中心爲例，心理測驗的簡介內
容，筆者整理如下：

㈠**生涯興趣量表（大專版、普通版）**

測驗目的：瞭解自己的興趣類型，進一步知道自己所嚮
　　往職業所需的興趣類型，找尋自己與職業的媒合，以
　　推展自己職業選擇的範圍，或確定職業選擇的適切
　　性。

測驗功能：可瞭解自己在理、工、人、文、事、商六類
　　領域中的特質與興趣型態，並探知屬於自己的興趣特
　　質有那些職業。

適用對象：希望瞭解自己興趣型態者，或想選擇未來方
　　向但不知從何著手探索者。

施測時間：十五至二十分鐘

㈡青年職業興趣測驗

測驗目的：協助同學瞭解自己在不同領域的興趣程度，
　　進而確定或改變自己的學習領域。

測驗功能：探知自己在文學、美術、音樂、社會科學、
　　法律、企業管理、會計統計、國際貿易、教育、體育、
　　數學、物理科學、電學、化工、建築、農藝、醫學、
　　藥學、航海、機械工程、家政、商業文書等二十多種
　　領域的興趣程度。

適用對象：想要瞭解自己對於不同職業領域內的興趣程
　　度者。

施測時間：四十分鐘

㈢我喜歡的事

測驗目的：當你完全不考慮本身的能力及其他外在條件
　　時，你會選擇什麼樣的工作呢？本測驗協助同學找尋
　　自己適合的職業類型，以便充實該方向的受雇能力。

測驗功能：可瞭解自己在藝術、科學、動植物、保全、
　　機械、工業生產、企業事務、銷售、個人服務、社會
　　福利、領導、體能表演等十二種職業領域的興趣。

適用對象：想知道自己喜歡從事的職業類型者。

施測時間：三十分鐘

㈣青年性向測驗

測驗目的：你是否先瞭解自己的學習能力才選擇目前的
　　科系，還是進入目前的科系後，仍舊不知道自己各方

面的能力水準？本測驗可幫助自己瞭解各方面潛在能力的發展情形。

測驗功能：可得知個人在語文推理、數的能力、抽象推理、機械推理、空間關係、語文運用等六方面潛能。

適用對象：想瞭解自己的性向，或者想重新考慮學習領域者。

施測時間：第一冊八十分鐘

第二冊一百分鐘

㈤大學系列學業性向測驗

測驗目的：你可知道自己已學得哪些技能嗎？這些將影響你的學業成就。

測驗功能：探知自己語文推理及數量的能力。

適用對象：想瞭解自己的性向，或想轉系、轉學、改變學習領域，卻不知道自己具備的能力者。

施測時間：五十分鐘

㈥賴氏人格測驗

測驗目的：人格特質影響一個人從事某工作的適切性與持久性。具備某些人格特質的人，可能比具備其它人格特質的人更適合從事該性質的工作。本測驗可增加對自己人格特質的瞭解，並成爲職業選擇的參考。

測驗功能：探知個人情緒、社會適應、內／外性等人格表現的特質。

適用對象：不清楚自己的人格特質，或想從人格特質中選擇職業者。

施測時間：四十分鐘

㈦生涯發展阻隔因素量表

測驗目的：當你覺得自己的生涯發展不順利，或者不確定自己的未來發展時，往往是因為存在著一些生涯發展阻隔的因素。藉此測驗，自己可以察覺這些因素，以便進一步處理。

測驗功能：可得知個人在八個生涯發展阻隔因素上所存在的現象。其中包括：意志薄弱、猶豫行動、資訊探索、特質表現、方向選擇、科系選擇、學習狀況、學習困境等。

適用對象：希望檢核自己所存在的生涯阻隔因素或生涯發展未得到適切發展，卻不知其中確切原因者。

施測時間：十五至二十分鐘

㈧生涯信念檢核表

測驗目的：在生涯決定的過程中，除了考慮興趣、能力以外，生涯信念亦是重大的影響因素。本測驗協助同學找出阻礙自己做生涯決定及生涯發展的信念。

測驗功能：瞭解個人的生涯信念類型，包括：實用主義、外在取向、逃避順從、自我價值、工作抱負、刻板印象等。

適用對象：想要從自己的認知與信念中，走出生涯迷失者。

施測時間：二十分鐘

六、測驗的運用

心理測驗在生涯輔導與規劃上所扮演的角色與內涵為何？我們可以由以下圖表，加以說明：

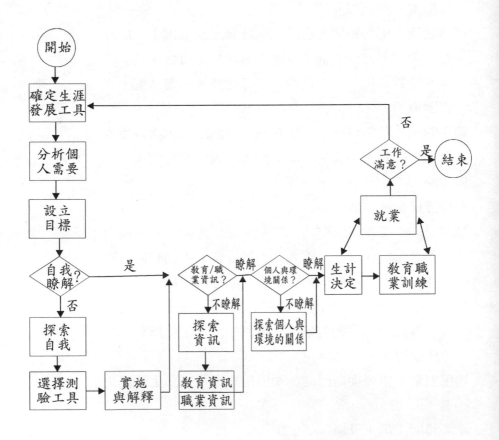

個人需要生涯輔導，他就是當事者。首先要確定當事者是處在什麼樣的生涯發展階段（可分為成長、探索、建立、維持、衰退），然後分析當事者來談的原因與心理需求。

每個當事者帶著不同的生涯困擾進入輔導室，當事者此時對自己及輔導老師有相當的期許。輔導老師憑藉諮商技巧與生涯輔導的知識，協助當事者瞭解問題所在，並進行探索自我的工作。

此時，輔導老師對當事者的需求與問題有某種程度瞭解之後，才決定是否要施行測驗。如果答案是肯定的，亦必須考慮測驗本身的特性，以及是否有合適的測驗提供給當事者。如果測驗本身不合適或效果不佳，那麼測驗的實施與解釋都是浪費時間。同時測驗一次以一至兩個測驗為宜，過多的話測驗本身就造成體力與心理的負擔。

如果當事者本身的問題與需求，測驗無法解答，唯有透過晤談或其他生涯活動才能達到目的，而直接進入外界資訊探索、探討當事者的內在特質（個人）與外在工作世界（環境）之間的關係，就顯得非常重要。最後才是進入生涯決定的階段，選擇就業或教育訓練等，以達工作滿意的目標。

整個架構是可以循環運用的，並且測驗資料可以提供生涯決定的參考，以及引發進一步的職業探索活動。

因此，我們可以知道在生涯輔導晤談中，測驗的運

用以一對一為宜，如此才能針對當事者的個別需要，進行精緻的生涯晤談。而且，測驗只是生涯晤談的一小部分，絕對不是生涯規劃的全部。

七、測驗的功能

第一，協助受測者瞭解自己的性向、價值觀、職業興趣與偏好，以及人格特質。對個人來說，我們可以由心理測驗所搜集到的資料，經過專業的解釋、說明，在短時間內增進受測者自我瞭解。譬如，職業興趣測驗的結果，可以幫助個人瞭解自己可能較適合或不適合某類職業。

第二，協助受測者做決定並發掘問題。面臨生涯的十字路口，就業、轉業、升學、轉學、轉系，需要考慮很多的因素。藉由測驗所提供的線索，一方面可以澄清困惑，再方面能夠擺脫個人主觀、情緒的因素，來處理頭疼的問題。測驗有時候不會給人答案，反而會將問題呈現於測驗結果。所以，如果期待測驗能像算命一樣，指引一條路以便遵循，往往會大失所望。

第三，協助規劃並合理評估未來。從測驗結果，可合理評估受測者未來的成就表現或可能的發展方向。譬如：使用智力測驗和學業測驗可以評估一個人未來的學業成就，使用人格測驗可以預測一個人對他人或社會作出危害性的行為之可能性等。公司行號亦可利用單一或多種測驗來評估甲員工或乙員工較適合擔任某種職務。

八、結語

　　心理測驗在台灣逐漸受到重視，是可喜可賀的事情。心理測驗只是探索自我的工具之一，提供參考資料。過份依賴測驗結果或完全排斥測驗都是過於極端。最後，讓我們以平常心來看待心理評量工具，並期待它能在本土發展得更紮實、更豐富，以提供當事者更可靠的資料。

價值觀

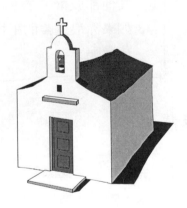

獼猴覓豆 （百喻88）

　　從前有一隻猴子，拿著一把豆子，行走時不小心掉了一顆豆子在地上。牠便將手中的其他豆子放在地上，回頭去找掉落的那一顆。結果，非但沒找到那顆掉落的豆子，回頭時那些放在地上的豆子，也都被雞鴨吃光了。

動動腦

1. 如果我是獼猴，我會如何做？
2. 我是否曾經為了追求某種事物，而把其他都放棄了？
3. 如果你很重視的事物無法得到，你會如何呢？

生涯智慧

　　猴子手中那把豆子，就像每個人能擁有的一切，例如：健康、金錢、聲望、地位、面子、尊嚴、權力、愛情、學位……。為了一顆豆子（學位、權位、愛情……）而把其他放棄。這樣做，到底是因小失大、愚昧無知，還是亦有可取之處呢？一般人一定認為猴子的做法是愚笨的，但有人卻認為是值得的，譬如有人為了愛情，犧牲了財富、聲望，最後甚至自殺，但是還是沒有得到愛

情，你說這是個彌足感人的純情者，還是一無可取的大笨蛋呢？

一、價值觀介紹

其實，值不值得最主要的關鍵在於個人的價值觀。

美國心理學家洛特克(Milton RoKeach)於一九七三年在《人類價值觀的本質》(*The Nature of Human Values*)中，提出十三種價值觀：

(1)成就感：提升社會地位，得到社會認同；希望工作能受到他人的認可，對工作的完成和挑戰成功感到滿足。

(2)美感的追求：能有機會多方面地欣賞周遭的人、事、物，或任何自己覺得重要且有意義的事物。

(3)挑戰：能有機會運用聰明才智來解決困難。捨棄傳統的方法，而選擇創新的方法處理事物。

(4)健康，包括身體和心理：工作能夠免於焦慮、緊張和恐懼；希望能夠心平氣和地處理事物。

(5)收入與財富：工作能夠明顯、有效地改變自己的財務狀況；希望能夠得到金錢所能買到的東西。

(6)獨立性：在工作中能有彈性，可以充分掌握自己的時間和行動，自由度高。

(7)愛、家庭、人際關係：關心他人，與別人分享，協助別人解決問題；體貼、關愛，對周遭的人慷

慨。

(8)道德感：與組織的目標、價值觀、宗教觀和工作使命能夠不相衝突，緊密結合。

(9)歡樂：享受生命，結交新朋友，與別人共處，一同享受美好時光。

(10)權力：能夠影響或控制他人，使他人照著自己的意思去行動。

(11)安全感：能夠滿足基本的需求，有安全感，遠離突如其來的變動。

(12)自我成長：能夠追求知性上的刺激，尋求更圓融的人生，在智慧、知識與人生的體會上有所提昇。

(13)協助他人：體認到自己的付出對團體是有幫助的，別人因為你的行為而受惠頗多。

二、價值觀的省思

針對以上十三種價值觀，我們可以分別問自己以下幾個問題（如果以1～5排序，1代表最重要，5代表最不重要）：

(1)我重視的價值觀是什麼？

(2)我所標示的這五個價值觀是我一直都重視的嗎？如果曾經有改變，是在什麼時候？

(3)有那些價值觀是我父母認為重要的，而我卻不同意呢？有那些價值觀是我和父母共同擁有的呢？

(4)價值觀的改變是否曾經改變我安排生活的方式？

(5)我理想的工作型態與我的價值觀之間是否有任何
　　關連？

(6)我是否因為誰說的一句話或某件事情，例如考試
　　的成績，而對自己的價值觀感到懷疑？

(7)以前我曾經崇拜那些人？他們目前對我有什麼影
　　響？

(8)我的行為可以反映我的價值觀嗎？例如重視工作
　　的變化、成長與突破的你，會選擇單調枯燥、一
　　成不變的工作嗎？你會在爸媽的期許下，選填會
　　計系嗎？

　　以上八點，是瞭解價值觀的基礎。這些問題的問答
並不容易，也不是短時間就能有完整的答案。因為價值
觀的顯現有時候像是調皮、好動的小孩不好掌握，動向
不明；有時又像是個文靜高雅的淑女，沒有明顯的動
作，但却是人們注意的焦點。

　　價值觀可以是很明顯、清楚的，例如對金錢的重視
或不重視；但是，更常發生的情況是，價值觀伴隨著很
多個人主觀、莫名、甚至無法解釋的情緒因子。原本自
認為可以灑脫不在乎的，當情況發生時，才有了失去那
部分的失落感與痛苦。

三、結語

　　沒有方向的船是遇不上順風的。

　　希望價值觀的澄清有助於大家找到自己的動力，讓生命的活水源源不絕……

實例

　　秀惠目前的工作困境，是工作內容與自己價值觀無法結合的例子。

　　秀惠在銀行待了十年，三十歲出頭的她，猛然發現自己常常在算還有幾年就可以退休。當初，專科畢業考上銀行，同學們都很羨慕，父母高興得到處炫耀，上菜市場還不忘帶著秀惠去光宗耀祖一番。考上銀行，對自己能力是一種肯定，但是到銀行上班卻是自己始料未及。秀惠知道自己一直喜歡和人接觸的工作，喜歡扮演大姊的角色，幫大家解決問題，而文書事務的工作是她可以做，做得不錯，可是並不感興趣的。她喜歡自己有宗教家的精神，從助人的過程中得到快樂。銀行的工作和自己的價值觀不符合，自己早就心知肚明，只是這半年來升遷上不如意，讓她更懷疑這份工作的意義。仔細思量，理智上她很清楚離職是最不明智、經濟上最不划算的決定（理想與現實的衝突）。但是，情感上她真的很想換一換工作環境，去當修女或社工人員都不錯。有一天，她聽廣播知道台北生命線在招募義工，有一連串的助人輔導的訓練，有一階、二階的訓練課程……秀惠想通了，為了現實，她繼續待在銀行，為了理想，她到生命線當義工，兩全其美，對自己、對家人都有交待。對於過程的辛苦，她相信自己撐得過來。

(1)從秀惠的例子，我們可以察覺秀惠有那些價值觀呢？

(2)這些價值觀如何影響工作與心情呢？

(3)如果你是秀惠，你還有更好的方法嗎？

悄悄話

一九九一年東吳大學學生的工作價值觀調查中發現以下結果（吳淑禎）：

- 男生在「創意的尋求」、「智性的激發」與「聲望」等方面高於女生；女生則在「獨立性」、「成就感」與「安全感」等項中超越男生。

- 五個學院以「生活方式的選擇」為共同重視的價值觀，而以「變異性」為共同不重視的價值觀。各學院的調查結果如下：

  (1)外語學院：最為重視「生活方式的選擇」、「與上司的關係」與「安全感」三項工作價值觀；而以「變異性」、「利他主義」及「管理的權力」三項工作價值觀最不受重視。

  (2)商學院：以「生活方式的選擇」、「安全感」和「成就感」為最重視的價值觀，而以「變異性」、「利他主義」和「美的追求」三項工作價值觀最不受重視。

  (3)文學院：最重視「生活方式的選擇」、「獨立

性」和「安全感」這三項工作價值觀，最不重
視「變異性」、「利他主義」和「美的追求」
三項工作價值觀。

(4)理學院：最重視的價值觀依序為「生活的選擇
方式」、「與上司的關係」和「安全感」；最
不重視的工作價值觀是「變異性」、「利他主
義」和「管理權力」。

(5)法學院：以「生活方式的選擇」、「成就感」
及「獨立性」為最重視的工作價值；而最不重
視「變異性」、「美的追求」及「管理的權
力」三項工作價值觀。

想一想：價值澄清

在你的生命歷程中，影響最深的事情有那些？你最
想做的事情是什麼？請完成下面十二個句子，你便可以
找到一些答案。

(1)如果我是個百萬富翁，我會 ＿＿＿＿＿＿＿＿＿

(2)我聽過、讀過最好的觀念是 ＿＿＿＿＿＿＿＿＿

(3)在這個世界上，我最想改變的一件事是 ＿＿＿＿

(4)我一生中最想要的事物是 ＿＿＿＿＿＿＿＿＿＿

(5)我在下面這種情況下表現最好 ＿＿＿＿＿＿＿＿

(6)我最關心的事是 ＿＿＿＿＿＿＿＿＿＿＿＿＿＿

(7)我幻想最多的事是 ＿＿＿＿＿＿＿＿＿＿＿＿＿

(8)我的父母最希望我能 ＿＿＿＿＿＿＿＿＿＿＿＿

(9)我生命中最大的喜悅是 ＿＿＿＿＿＿＿＿＿＿＿

(10)我是怎樣的人 ＿＿＿＿＿＿＿＿＿＿＿＿＿＿

(11)熟知我的人認爲我是 ＿＿＿＿＿＿＿＿＿＿＿

(12)我相信 ＿＿＿＿＿＿＿＿＿＿＿＿＿＿＿＿

（資料來源：羅文星（民81），《生涯規劃與發展》）

能　力

選舉鳥中之王 (伊索寓言)

有一天，小黃鸝鳥向鳥兒們建議：「我們應該推選一位勇敢的國王來領導大家，誰是鳥類中最偉大的，我們就選牠出來當國王！」

鳥兒們都贊成這樣的提議。這時候，一心想做國王的孔雀先開口了：「各位，你們選我做國王吧！我的羽毛是最美的！」

說著，說著，孔雀就把牠那美麗的尾巴炫耀地展了開來。

鸚鵡首先附議，牠說：「有這麼漂亮的鳥做我們的國王，是值得驕傲的一件事。我們就決定選孔雀為我們的國王。」

這時，麻雀不贊成地說：「不錯，孔雀是最美麗的。但是，像我們這麼弱小的動物，被人侵襲時，牠有什麼能力來保護我們呢？與其選一個美麗的國王，倒不如選擇一個在危險的時候能夠挺身救我們的為國王吧！」

眾鳥聽了麻雀的話，都點頭贊成。

最後，投票結果選擇了強悍兇猛的老鷹為百鳥之王。

動動腦

1. 老鷹擊敗孔雀成為百鳥之王的原因是什麼？
2. 孔雀及老鷹分別的優、缺點是什麼？
3. 在職場上，你的優、缺點是什麼？
4. 你認為當初公司任用你的原因是什麼？
5. 實力與外表在職場的關係是互斥、互補、不相干，或是相輔相成呢？

生涯智慧

有人說，美麗的外表是最好的推薦信，但是，推薦信並不代表你一定會被錄用，即使被錄用，也不保證一定被重用。

一、能力之於生涯規劃

學者曾指出，成功＝能力×興趣×性格×價值觀（林幸台，民80）。

此公式中，能力居於第一位。在工作生涯想要出人頭地，除了要具備一般知能和社會技巧之外，專業知識與專業技能才是致勝的關鍵。

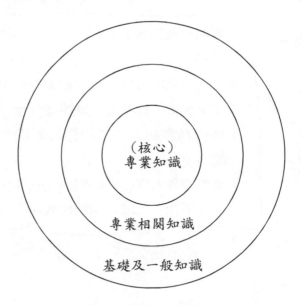

（核心）
專業知識

專業相關知識

基礎及一般知識

資料來源：羅文基（民81）．

　　由此我們可以發現在「知識爆炸」的時代，要重視終身學習與專業知能。至於學歷、文憑只是美麗的外表。冷僻、熱門的行業變化速度非常快，五年前炙手可熱的職業，五年後可能風光不再。「摔不破的金飯碗」可能因為經濟不景氣、產業外移等外在因素而變得岌岌不保。內在、外在環境的劇變對企業經營的考驗是殘酷的，而企業組織的精兵變革對白領的工作保障更是無情的。世界在變，經濟在變，企業組織在變，工作也在變；因此，選熱門科系，或是找個大企業，捧著好飯碗過一輩子的就業模式，正在逐步瓦解（翁靜玉，1995）。

根據《天下雜誌》(1995)的報導，近年來由於律師高考的錄取名額激增，由一九九〇年的錄取名額十六名，增加到一九九四年的五百六十三名，增加倍率是三十五倍。取得律師資格後到律師事務所擔任實習律師，薪水約在二萬五千元左右；如果能夠自己開律師事務所，亦需面臨市場的激烈競爭。

　　不僅律師面臨市場壓力，就連醫師也是一樣；醫療訴訟、愛滋病、全民健保等因素，也使得他們的工作保障降低，工作壓力增加。

　　劉玉蘭（民77）將未來工作世界所面臨的衝擊，歸納為以下七點：

(1)工業或製造業的就業人數減少，而服務業和資訊業的工作機會增多。

(2)人力需求結構以高、低兩階層人才為主，大量文書工作被電腦取代，形成兩極化現象。

(3)技術及職業變動快速，失業將是一個長久存在的問題。

(4)個人轉業的次數增加；未來的工作世界將是個學習的社會。

(5)就業市場需要具有廣博知識及技術基礎的專業人員。

(6)研究發展(R&D)的工作將日趨重要。

(7)更多婦女將進入就業市場。

二、能力的加強與因應

外在世界變化如此快速，新的工作、新的專業人才，正以等比速度增加，我們應該如何因應呢？

㈠強化自己的專業知識與相關知識

分工越來越細，要在專業領域內有專精的事項，而其他人無法取而代之的。例如：心理輔導人員專業領域內可以專精的方向很多，包括婚姻輔導、家族治療、遊戲治療、生涯輔導、認知治療、行為療法，以及美國最新的砂遊治療(Sandplay Therapy)。細分下去，以生涯輔導為例，可以因為對象區分為兒童、大專學生、職場的上班族、銀髮族而有所不同，或是以性別而區分為男性生涯規劃及女性生涯規劃，或是為企業組織設計全體員工的生涯輔導方案。面對不同對象因個人的專長、經驗、興趣等而有專業上的區隔。不僅輔導人員如此，工程師、律師、會計師等職業更是逐漸走向個別化、專精化的時代。不可能某位律師可以處理所有的法律問題，各司其職的專門律師事務所亦將取代綜合律師事務所。

㈡增加工作的附加價值

在工作條件要求方面，企業對人才的要求由過去的學歷至上，轉變為經驗與能力至上。除專業技能外，個人還須具備管理能力。工作的附加價值在於你可以扮演多重角色。比方說：你可以是工程師，同時也是管理者；你不僅可以獨立做研發的工程工作，你也能夠負責整個

部門的進度與績效。這就是所謂「一人多用」、「全方位的磨鍊」。

(三)充實基本技能

例如電腦操作與使用，以及外語能力。因應全球國際化與台灣成為亞太金融中心的趨勢，缺乏外語能力，就像是啞巴、瞎子或聾子，對外國的資訊無法有效地吸收、學習。至於電腦，未來的日常生活將與電腦緊密結合，息息相關，國際網路大幅縮小了地球村的範圍，所以電腦知識已成為重要的常識與技能。家庭主婦可以運用電腦購物，文書編輯可以在電腦操作，而且電腦已逐漸普及於各行各業。

未來是實力掛帥、能力導向。終生學習不是口號，是趨勢。未來所需的專業知識，其範圍、領域以及投入程度，完全要依據你對自己的了解、對行職業的認識，以及最後所下的生涯目標來決定。具備基本技能、增加工作附加價值、強化專業知識，以便應付二十一世紀的需求，便能開創美好的生涯。

活動：能力評估單

　　為了檢視你對職業的認識，以及你所具備的能力與理想工作所應具備的能力，請你試著根據目前的職業生涯目標，選定一項工作或職位，然後查閱相關資料，試著回答以下的問題。（工作所需及自己已具備能力兩部份，確定打√，不確定或不知道打△，不需要或自己缺乏此能力打×）

工作職位名稱	工作所需具備的能力	自己已具備的能力	整體心得感想
	□1.語文能力 □2.表達能力 □3.溝通、協調能力 □4.領導統御能力 □5.專業技能 □6.電腦軟体操作能力 □7.中打及英打 □8.行銷能力 □9.會計能力 □10.機械操作能力 □11.法律知識 □12.判斷力 □13.創造力 □14.直覺與敏感度 □15.其他重要專業 　　知識	□1.語文能力 □2.表達能力 □3.溝通、協調能力 □4.領導統御能力 □5.專業技能 □6.電腦軟体操作能力 □7.中打及英打 □8.行銷能力 □9.會計能力 □10.機械操作能力 □11.法律知識 □12.判斷力 □13.創造力 □14.直覺與敏感度 □15.其他重要專業 　　知識	

以上的活動，你在工作所需具備的能力部份確定打
√的多，還是不確定、不知道打△的多。如果三角形超
過五個，顯示你對外界資訊的探索仍不充足，「知彼」
的工作仍需加強。

你在自己已具備能力的部份，打√的多還是自己缺
乏此能力打×的多，或者不確定或不知道自己是否具備
此能力而打△的多呢？如果打×及打△過多，顯示你需
要加強自我的了解或自己的能力，以便達到工作、職位
上的要求。

興　趣

鄉下老鼠和城市老鼠（伊索寓言）

城市老鼠和鄉下老鼠是好朋友。有一天，鄉下老鼠寫了一封信給城市老鼠，信上這麼寫著：「城市老鼠兄，有空請到我家來玩，在這裏，可享受鄉間的美景和新鮮的空氣，過著悠閒的生活，不知意下如何？」

城市老鼠接到信後，高興得不得了，立刻動身前往鄉下。到那裏後，鄉下老鼠拿出很多大麥和小麥，放在城市老鼠面前。城市老鼠不以為然地說：「你怎麼能夠老是過這種清貧的生活呢？住在這裏，除了不缺食物，什麼也沒有，多麼乏味呀！還是到我家玩吧，我會好好招待你的。」

鄉下老鼠於是就跟著城市老鼠進城去。

鄉下老鼠看到那麼豪華、乾淨的房子，非常羨慕。想到自己在鄉下從早到晚，都在農田上奔跑，以大麥和小麥為食物，冬天還得在那寒冷的雪地上搜集糧食，夏天更是累得滿身大汗；和城市老鼠比起來，自己實在太不幸了。

聊了一會兒，他們就爬到餐桌上開始享受美味的食物。突然，「砰」的一聲，門開了，有人走進來；他們嚇了一跳，飛也似地躲進牆角的洞裏。

鄉下老鼠嚇得忘了飢餓，想了一會兒，戴起帽子，對城市老鼠說：「鄉下平靜的生活，還是比較適合我。

這裏雖然有豪華的房子和美味的食物，但每天都緊張兮兮的，倒不如回鄉下吃麥子，來得快活。」說罷，鄉下老鼠就離開都市回鄉下去了。

動動腦

1. 鄉下老鼠與城市老鼠各有習慣、喜歡的環境，那你喜歡在什麼樣的環境討生活呢？
2. 你喜歡的工作環境，可以大致描述一下嗎？
3. 一個人習慣以及偏好的環境，如何影響他的職業呢？

生涯智慧

這則寓言使我們看到不同個性、習慣的老鼠，喜歡不同的生活方式。即使他們都曾經對不同的世界感到好奇、有趣，但是，他們最後還是都回歸到自己所熟悉的架構裏。荷倫(Holland)在一九八二年的《類型論》中企圖以職業生活的範疇、環境來說明個人行為型態的實際表現；也就是說，個人的職業選擇是人格特質的表現。例如個性喜愛與人交談、互動、支配性、冒險性高的人，會選擇能說服或影響他人的工作；此類型的工作環境大都是商業、政治機構及廣告公司等。

因此，荷倫提出下列假設：

(1)在我們的職場中，大多數的人可區分為六種類型：實用、研究、藝術、社會、企業、事務。
(2)工作環境亦可區分為上述六種類型。
(3)個人的行為決定於人格與環境特質之間的交互作用，可利用六角形的模式解釋：
(4)六種人格類型與職業環境的搭配如下：

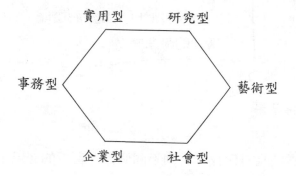

型態	人格傾向	職業環境	行為表現
實用型	進取的，較喜歡具體的工作任務，基本上比較不社會化，窮於應付人際互動。	技術人員如鉛管工、水電工程人員機器操作員等。工技技術人員如飛機修護師、攝影師、製圖員以及部份服務業者。	1.喜歡從事具體、實用的職業，避免抽象、模稜兩可社交性質的職業環境。 2.以具體、實用的能力解決工作及其他方面的問題。 3.重視事物，如金錢、權利、地位等。

研究型	聰慧、抽象、善於分析、獨立，有時是熱情而任務取向的。	科學家，例如化學家、物理學家、數學家，工程師，如實驗室工程師、電腦程式設計師，以及電子工程師。	1.喜愛研究性質的職業，避免領導、統御方面的活動。 2.認為自己好學、有自信、擁有數學和科學方面的才能。 3.重視客觀的數據、科學等。
藝術型	富於想像力的、美感追求的、喜好透過藝術從事自我的表現，獨立及外向的。	藝術家如雕刻、演員、美術家、設計家。音樂方面如音樂師、交響樂指揮及音樂家。文學方面如編輯、作家及評論家。	1.喜歡藝術性質的職業，避免事務性的職業環境。 2.認為自己具創意、富自覺、不按牌理出牌的特點與才能。 3.重視美的追求。
社會型	喜好社會互動、社交活動、關心社會問題、宗教及社區服務取向、對教育活動有興趣。	教育方面如教師、教育行政人員、大學教授等。社會福利方面如社工員、社會學者、復建諮商員及專業護士。	1.喜歡以社交的方式來解決工作及其他方面的問題。 2.認為自己具有瞭解別人、教導別人的特質。 3.重視社會問題與人際關係。
企業型	外向的、進取的、冒險的、喜好領導的、權威的、有說服力的、善於運用語言技巧的。	經理人如人事、生產、銷售方面之經理。各種銷售業如保險業、經營及汽車銷售。	1.喜歡以企業的方式來解決工作及其他方面的問題。 2.認為自己具有領導與表達的能力、善社交、具說服力。 3.重視權力與成就。
事務型	實際的、控制良好的、社會的、稍微保守的、喜好有結構的工作及順從社會觀點的。	公務或文書庶務員，如計時員、檔案紀錄員、出納員、會計、打孔機操作、秘書、記帳員、接待員、證件管理員。	1.喜歡從事事務性質工作，避免抽象、藝術的職業環境。 2.認為自己具有文書與數學的能力。 3.重視商業與經濟上的成就。

「做一行、怨一行」，每一個人多少會對「現在」抱有不滿，希望脫離目前的環境，就如寓言中的兩隻老鼠也是一樣。但是，也許你現在的工作就非常適合你的人格特質，只是你無法明確地看清與了解罷了。

　　如果你打算離職，你要想清楚一個問題：「是工作內容特性你不喜歡，譬如說長久接觸電腦、整理檔案等，還是工作中的人際關係處理不好，和上司合不來，與同事無法和睦相處……」答案若是後者，建議你不要離職。也許有人換了工作環境後，真能和新的上司及同事融洽相處，那算是慶幸了，因為這種例子太少。幾乎所有換過工作的人都知道，在新的環境裏仍要繼續忍受人際關係的壓力，這個問題到處都存在。答案若是前者，你可以再仔細推敲荷倫的人格特質論，或與輔導機構連絡，做人格特質論──職業興趣測驗，經過專業人員的解釋與晤談，你的問題將可迎刃而解。

實例

　　筱梅大學唸歷史系，當初選歷史系是聯考分數所致，她很清楚自己的興趣不在歷史，可是坦白說她也不知道自己的興趣在那裏。筱梅個性活潑、外向，參加很多社團活動，她覺得很有成就感。考慮未來出路和就業前景，畢業之後，她就積極準備出國唸書。憑著她高中打下的英文底子，她的托福分數六百二十分，同時老師給她強而有力的推薦信，她很順利地申請到紐約附近的一所大學，攻讀電腦碩士。

　　兩年的碩士課程和論文，難不倒筱梅，苦雖苦，她還是撐了過來。畢業後回國服務，她知道是真槍實彈的開始，尤其在國內並沒有電腦的實務經驗，她不知道自己是否能夠勝任。在家中長輩的介紹之下，她順利地進了一家外商公司的電腦部門工作。

　　一待三個月過去，筱梅絲毫不覺得快樂，反而覺得好漫長。每天早晨醒來，想到自己要踏進電腦部門，坐在電腦桌前面，下班後還要腸枯思竭想電腦程式的設計，甚至半夜都會做惡夢，夢到電腦一直壓在自己身上，好重、好重，自己尖叫也沒人聽到。筱梅懷疑自己是不是生病了？

　　在生涯輔導的面談裏，筱梅重複地說：「目前的工作待遇很好，同事和主管都對她很好，但是工作內容太

枯燥、太無聊。每天接觸冰冷的機器，寫沒有生命的程式。她好希望能夠和一群人在一起，有互動、有溝通，共同達成工作目標。」筱梅回想起大學生活最快樂、最有成就感的事是社團的老夥伴、新夥伴一起出隊，到偏遠地區為小朋友辦營隊、為婦女辦媽媽教室，還有辦全村的運動會。她喜歡積極和人接觸，而不是日復一日面對電腦。筱梅說：「我並不是討厭電腦，甚至有的時候我覺得蠻有趣的；只是我討厭每天都只有接觸電腦的日子。有時候，我會想我是不是大學唸錯科系，討厭史學無生命的那部分，而研究所又唸錯科系，唸到更沒生命的電腦。我是不是一錯再錯呢？」

生涯的抉擇，對錯難料，一味地指責自己，否定過去的經驗，是於事無補的。輔導員很清楚地告訴筱梅：「是非對錯很難講。跌倒了爬起來，雖然痛，但是自己印象深刻。目前，既已清楚知道電腦部門的工作內容不適合，也許我們可以從這裏出發。」

筱梅和輔導員共同討論出來的大方向是：

第一優先選擇：暫時待在目前部門，注意其他部門或分公司有沒有缺。可請長輩幫忙，試著轉調其他單位，或者在其他單位負責電腦的工作，例如企劃、人事、行銷等與人有較多互動的單位。

第二優先選擇：仍待在目前的工作崗位，下班後，參加研習課程或是社會公益團體的活動，例如：到輔導機構當義工。這樣做可以實現自助助人的夢想，在幫助

別人的當中自己感到滿足；而透過上課訓練，自己也能成長。

這兩項選擇可以同時進行，如果都無法紓緩目前的生涯困境，經過與長輩充分溝通之後，最後才是離職。

人格拼圖

下列檢核表，是為了幫助你找出自己的人格類型而設計的（改編自Michelozzi，1988）。在最適合描述你的項目前打「✓」，最不像的項目前劃「✕」，若不確定，則劃個問號「？」。

(1)強壯而敏捷的身體對我很重要。

(2)我必須徹底地瞭解事情的真相。

(3)我的心情受到音樂、色彩、寫作和美麗事物的影響極大。

(4)和他人的關係豐富了我的生命並使它有意義。

(5)我自信會成功。

(6)我做事時必須有清楚的指引。

(7)我擅長於自己製作、修理東西。

(8)我可以花很長的時間去想通事情的道理。

(9)我重視美麗的環境。

(10)我願意花時間幫別人解決個人危機。

(11)我喜歡競爭。

(12)我在開始一個計畫前會花很多時間去計畫。

⒀我喜歡使用雙手做事。

⒁探索新構思使我滿意。

⒂我總是尋求新方法來發揮我的創造力。

⒃我認爲能把自己的焦慮和別人分享是很重要的。

⒄成爲群體中的關鍵人物，對我很重要。

⒅我對於自己能重視工作中的所有細節感到驕傲。

⒆我不在乎工作時把手弄髒。

⒇我認爲教育是個發展及磨鍊腦力的終生學習過
　程。

㉑我喜歡非正式的穿著，嘗試新顏色和款式。

㉒我常能體會到某人想要和他人溝通的需要。

㉓我喜歡幫助別人自我改進。

㉔我在做決策時，通常不願冒險。

㉕我喜歡購買小零件，做成成品。

㉖有時我可以長時間的閱讀、玩拼圖遊戲，或瞑想
　生命的本質。

㉗我有很強的想像力。

㉘我喜歡幫助別人發揮天賦和才能。

㉙我喜歡監督事情的完工。

㉚如果我將處理一個新情境，我會在事前做充分的
　準備。

㉛我喜歡獨立完成一個活動。

㉜我渴望閱讀或思考任何可以引發我好奇心的事
　物。

(33)我喜歡嘗試創新的概念。

(34)如果我和別人發生摩擦，我會不斷地嘗試化干戈為玉帛。

(35)要成功，就必須高懸目標。

(36)我不喜歡為重大決策負責。

(37)我喜歡直言無諱，避免轉彎抹角。

(38)我在解決問題前，必須把問題徹底分析過。

(39)我喜歡重新佈置我的環境，使它們與眾不同。

(40)我經常藉著和別人的交談來解決自己的問題。

(41)我常起始一個計畫，而由別人完成細節。

(42)準時對我而言非常重要。

(43)從事戶外活動令我神清氣爽。

(44)我不斷地問：為什麼？

(45)我喜歡自己的工作能夠發抒我的情緒和感覺。

(46)我喜歡幫助別人找出可以互相關注其他人的方法。

(47)能夠參與重大決策是件令人興奮的事。

(48)我經常保持整潔、有條不紊的習慣。

(49)我喜歡周遭環境簡單而實際。

(50)我會不斷地思索一個問題，直到找出答案為止。

(51)大自然的美深深地觸動我的靈魂。

(52)親密的人際關係對我很重要。

(53)昇遷和進步對我是極重要的。

(54)當我把每日工作計畫好時，我會較有安全感。

⑸我非但不害怕過重的工作負荷，並且知道工作的重點是什麼。

⑹我喜歡使我思考、給我新觀念的書。

⑺我期望能看到藝術表演、戲劇及好電影。

⑻我對別人的情緒低潮相當敏感。

⑼能影響別人使我感到興奮。

⑽當我答應做一件事時，我會竭盡所能地監督所有細節。

⑾我希望粗重的肢體工作不會傷害任何人。

⑿我希望能學習所有使我感興趣的科目。

⒀我希望能做些與眾不同的事。

⒁我對於別人的困難樂於伸出援手。

⒂我願意冒一點危險以求進步。

⒃當我遵循成規時，我感到安全。

⒄我選車時，最先注意的是好的引擎。

⒅我喜歡能刺激我思考的對話。

⒆當我從事創造性事物時，我會忘掉一切舊經驗。

⒇我對於社會上有許多人需要幫助感到關注。

㉑說服別人依計畫行事是件有趣的工作。

㉒我很擅長於檢查細節。

㉓我通常知道如何應付緊急事件。

㉔閱讀新發現的書是件令人興奮的事。

㉕我喜歡美麗、不平凡的事。

㉖我經常關懷孤獨、不友善的人。

⑺我喜歡討價還價。

⑻我花錢時小心翼翼。

⑼我用運動來保持強壯的身體。

⑽我經常對大自然的奧秘感到好奇。

⑻嘗試不平凡的新事物是件相當有趣的事。

⑻當別人向我訴說他的困難時，我是個好聽眾。

⑻做事失敗了，我會再接再厲。

⑻我需要確切地知道別人對我的要求是什麼。

⑻我喜歡把東西拆開，看是否能夠修理它們。

⑻我喜歡研讀所有事實，再有邏輯性地做決定。

⑻沒有美麗事物的生活，對我而言是不可思議的。

⑻人們經常告訴我他們的問題。

⑻我常能藉著資訊網路和別人取得聯繫。

⑼小心謹慎地完成一件事，是件有成就感的事。

計分：下表中的數字代表上列人格類型測驗中的題號。請你將自己的答案，劃在各數字上。

實際型	探究型	藝術型	社會型	企業型	事務型
1	2	3	4	5	6
7	8	9	10	11	12
13	14	15	16	17	18
19	20	21	22	23	24
25	26	27	28	29	30
31	32	33	34	35	36
37	38	39	40	41	42
43	44	45	46	47	48
49	50	51	52	53	54
55	56	57	58	59	60
61	62	63	64	65	66
67	68	69	70	71	72
73	74	75	76	77	78
79	80	81	82	83	84
85	86	87	88	89	90

算出每種類型打勾項目的總數，並將它填在下面的空白中：

實際型 ＿＿＿＿ 研究型 ＿＿＿＿ 藝術型 ＿＿＿＿

社會型 ＿＿＿＿ 企業型 ＿＿＿＿ 事務型 ＿＿＿＿

將上述分數，從最高到最低，依次排好，填在下面的空白中：

第一高分 ＿＿＿＿ 第二高分 ＿＿＿＿ 第三高分 ＿＿＿＿

第四高分 ＿＿＿＿ 第五高分 ＿＿＿＿ 第六高分 ＿＿＿＿

算出每種類型打叉項目的總數，並將它填在下面的空白中：

實際型 ＿＿＿＿ 研究型 ＿＿＿＿ 藝術型 ＿＿＿＿

社會型 ＿＿＿＿ 企業型 ＿＿＿＿ 事務型 ＿＿＿＿

如果考慮打叉的項目，是否會改變原有的人格類型？

資料來源：羅文基（民81），生涯規劃與發展.

心理需求

雄雞和寶石 （伊索寓言）

一隻雄雞辛苦地找尋食物，覓食過程中找到一塊寶石。牠對那塊寶石說：「要是我的主人找到你，你就會成為他的珍寶，但我撿到你，卻一點用處也沒有。我與其得到一塊沒有用的寶石，還不如得到一顆小麥。」

動動腦

1. 雄雞想要小麥而不是寶石，是為什麼呢？
2. 選擇小麥或寶石的標準在哪裏？
3. 如果人有不同的需求，是滿足飢餓在先，還是愛美在先？

生涯智慧

雄雞看到寶石不為所動，因為寶石不能滿足雄雞的生理需求。飢餓、寒冷、口渴等生理的折磨是非常痛苦的。在沙漠中會看到綠洲（幻象）、夢見水井，為什麼呢？因為那是人的基本慾望與需求。

馬斯洛(Maslow)在一九五四年提出需求層次論，將人的慾望的需求分為五種等級，對我們而言，它代表著不同的重要性。人們工作首先就是希望能免於挨餓、飢

寒、受凍。啟文的家境不好，家中七個小孩靠父母兩人賺錢是不夠的，所以他放學之後就到工廠幫忙，賺的錢交給媽媽買菜買米，貼補家用。所以，工作對啟文而言是為了家人及自己的生理需要。

第二層需求是安全需求，尋求安全的工作環境。啟文在工廠工作，偶爾會有意外傷害發生；他覺得要特別小心，才不會被割到或切到。長大以後，啟文希望能多讀書，找個安全的工作。

第三層需求是愛與隸屬的需求。在工作中有歸屬感，和同事相處愉快，對公司有向心力。啟文在工廠很多年，最讓他捨不得離開的是工廠內的阿姨、叔叔、伯伯的照顧。他們常誇獎啟文雙腳勤快、嘴巴又甜，是他們的好幫手。工廠每年也會獎勵員工到餐廳吃飯。

第四層需求是獲得尊重、自尊的需求。有份工作和收入，對自己的價值感會提高。啟文每年開學前都會用自己打工的部份收入買文具、運動鞋、手錶等。他覺得用自己的能力賺錢買喜愛的東西，是一件很有成就感的事。

第五層需求是自我實現需求。在工作中能發揮潛能、有勝任感與成就感。啟文自認為工廠的工作缺乏發展性，更不可能發揮潛能；所以他打算專科畢業後，就找別的工作，學習更多的東西，或許他以後可以獨當一面，當某公司的主管也不一定。

馬斯洛的需求層次如下圖：

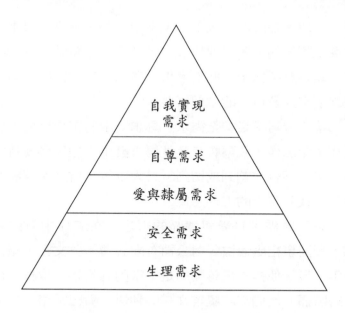

四十年代的台灣，生活貧苦，人們見面就問：「吃飽了沒？」人們辛苦種田、工作，為的是全家老小的溫飽，那是生理需求導向的時代。九十年代的台灣，經濟快速發展，吃飽飯顯得平常，喜慶宴客動輒數萬元。愛美，希望曲線動人、身材窈窕，成為自信的女人。我們可以看到人們的需求因經濟狀況不同有了改變。馬斯洛的需求層次，有以下的注意事項（陳義勝，民68）：

(1)需求層次不可視之為非彈性結構。層次的區分並沒有截然的界限，反而傾向重疊；當某一需求強度逐漸下降時，次一項需求可能逐漸上升。

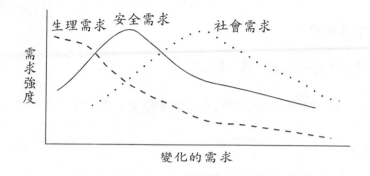

生理需求　安全需求　　社會需求

需求強度

變化的需求

(2)有些人始終停留在維持較低層次的需求水準，一
　　直關心他們的生理與安全需求；而有些人則花很
　　多的時間在較高的需求上。前者類似四十年代的
　　台灣，後者類似邁向二十一世紀的台灣。

(3)馬斯洛所提的「需求特定順序」，不見得適用於
　　每個人，例如對某甲而言，愛與隸屬的社會需求
　　就比安全需求來得重要。

　　馬斯洛的觀念的可貴之處，是指出了每一個個體都
有需求。雄雞要小麥而不要寶石，充分顯示雄雞的需求
層次（生理優先）。

　　生涯規劃總是會面臨取捨的掙扎。要唸書，還是要
就業？要轉職，還是繼續待在原公司？要唸高中，還是
唸高職？要當行政人員，還是從事業務工作？要工作，
還是當家庭主婦？一連串的疑惑，與其問別人的意見，
倒不如先問自己：我的心理需求是什麼？

馬斯洛需求層次問卷

共十五題，請依據自己真實感受，憑直覺作答。

是 否

☐ ☐ 1.我希望我所擁有的物質，能滿足基本生活所需。

☐ ☐ 2.我希望能免於飢餓與寒冷。

☐ ☐ 3.我希望能有足夠的睡眠。

☐ ☐ 4.我希望生命能免於受到威脅。

☐ ☐ 5.我希望能在安全的環境下工作。

☐ ☐ 6.我希望工作能穩定。

☐ ☐ 7.我希望與家人、朋友維持良好的關係。

☐ ☐ 8.我希望與同事和睦相處。

☐ ☐ 9.我希望對公司有向心力。

☐ ☐ 10.我希望同事間彼此尊重。

☐ ☐ 11.我希望對公司的貢獻能得到上司的肯定。

☐ ☐ 12.我希望公司的工作能在自己的能力範圍之內。

☐ ☐ 13.我希望工作能發揮我的潛力。

☐ ☐ 14.我希望工作能有成就感。

☐ ☐ 15.我希望處理事情能勝任愉快。

答「是」一分，答「否」不計分。

題　號	需求層次	得　分
1-3	生理需求	
4-6	安全需求	
7-9	愛與隸屬需求	
10-12	尊重需求	
13-15	自我實現需求	

想一想

這是關於心理需求層次的幾個問題，你可以試著自己回答，或與朋友共同作答，然後一起分享、討論，收穫將更為豐富。

問題一：你對需求層次論的五大需求同意嗎？

問題二：你對五大需求的順序同意嗎？

問題三：你是否覺得那些需求對你而言是不重要的？

問題四：你目前的工作或角色能滿足你那些需求呢？

問題五：對你而言，何種需求是最重要的？為什麼？請舉例說明。

問題六：以上的問卷，那一部份你得分最高？

問題七：以上的問卷，那一部份你得分最低？

問題八：以上的問卷，能反映你的需求層次嗎？

問題九：你的需求層次是否曾經改變？

問題十：如果有改變，是什麼時候呢？可能的原因
又是什麼呢？

生涯阻隔

農夫的寶物 （伊索寓言）

從前有一個勤勞的農夫，他有三個兒子，身體比別人強壯，但卻非常懶惰，農夫心裏很難過。最後，他積勞成疾，病倒在床。斷氣前，他對三個兒子說：「爸爸辛苦了一輩子，積下一點寶物，藏在葡萄園中，你們去找吧。誰最先找到，那寶物就是誰的。」農夫第二天就過世了。不等喪事辦完，三個兒子就拿起鋤頭，開始挖掘，一天又一天，他們耐心地挖著，直到葡萄園每寸土地全都被挖遍了，還是找不到寶物。可是，葡萄卻因此而長得越來越茂盛。

三個兒子終於放棄尋找寶物的念頭。大兒子看著一串串美麗的葡萄，若有所悟地說：「爸爸說的寶物，或許就是這些葡萄吧！」從此以後，三個兒子都很辛勤地工作，過著快樂的生活。

動動腦

1. 父親去世之前，三個兒子是否曾察覺為工作付出心血的重要性？
2. 如果父親去世之前，沒有交代田裏的寶藏，三個兒子的生涯會如何呢？
3. 有那些內在及外在因素，阻隔三個兒子的生涯發展？

生涯智慧

寓言中的三個兒子，為了得到寶物而認真地挖掘葡萄園。他們的努力，意外地使葡萄園豐收。影響生涯發展的原因很多，曾有學者提出生涯阻隔因素這樣的概念。

一、生涯阻隔八大因素

生涯阻隔因素是指不利於我們生涯發展的個人因素。這些因素使我們職業選擇不順利，或造成生涯發展困境長久無法突破。生涯阻隔包括下列八個因素（陳麗如，民83）：

(1)意志薄弱：個人的生涯選擇容易受外在因素的影響，例如因父母、朋友、社會價值觀而減少投入時的毅力，甚至放棄自己真正想要的目標。

(2)猶豫行動：對自己本身缺乏自信、充滿擔心，而遲遲未採取與生涯發展有關的行動。

(3)資訊探索：未能積極去搜集相關產業或職業的訊息，或不清楚取得這些資訊的管道。

(4)特質表現：個性方面的障礙，例如：沒有主見、被動、習慣由他人為自己做決定，或抗拒自己做規劃等。

(5)方向選擇：對自己曾做過的生涯抉擇感到懷疑，或是目前有多重選擇不知如何著手。

(6)科系選擇：自己所讀的科系並非自己的期待，或認為是不適合自己的。

(7)學習狀況：對自己的學習成果不滿意而產生的負向效應。

(8)學習困擾：在學習上，與同學或異性不良的互動關係所產生的負向效應。

二、憲明的生涯阻隔

憲明已經退伍半年多，一直待在家裏，沒有上班。家人覺得非常不妥，幾次要他出去找工作，他都心不甘情不願，甚至還大吵一架。

與輔導人員預約、晤談，並做生涯困擾的測驗之後，發現以下結果：

(1)憲明測驗中八個生涯困擾因素以猶豫行動的分數最高，顯示憲明心中已經考慮了幾個未來可能的方向，但是個性猶豫不決，使得他無法下決定，而擱置不前。憲明表示因為是家中的老么，很多事情父母、兄姊都會提出看法，甚至替他安排、決定，導致自己缺乏做決定的信心。

(2)憲明在生涯困擾測驗的第二高分是資訊探索。顯示憲明對未來方向資訊的搜集不足，例如憲明想

出國留學，但是他完全不知道國外留學的考試、要求、程序等和國內的差異。所以，外界的資訊不足，使得他無從準備。

(3)憲明分數較低較沒有困擾的是科系選擇和學習狀況，這可由憲明的在校成績得到印證。憲明對所讀的統計頗有興趣，所以分數不錯，學習成果良好。

整體看來，憲明需要加強的是獨立性與自信心，擺脫對家人依賴的習慣，使自己多做生涯探索的準備工作，了解統計系未來的出路，並決定是否出國唸書。

知己知彼，百戰百勝。

三、生涯阻隔與生涯規劃

生涯規劃的目的有三：突破障礙、開發潛能、自我實現。突破障礙就是減少內在、外在的阻力。我們可以由下頁的圖表看得更清楚，以及三者的關聯。

障礙分為內在與外在兩部份，要有所突破，以開發潛能，否則想達到自我實現並不容易。如果障礙過大，要牽動潛能開發，更是困難。

船行駛在大海，船的性能（內在）與天氣的變化（外在），都會影響航程。唯有瞭解船是否需要維修、保養、加油、換零件等，才能使內在障礙降到最低；同時，不斷收聽氣象、瞭解潮水與風向，才能避免不幸的

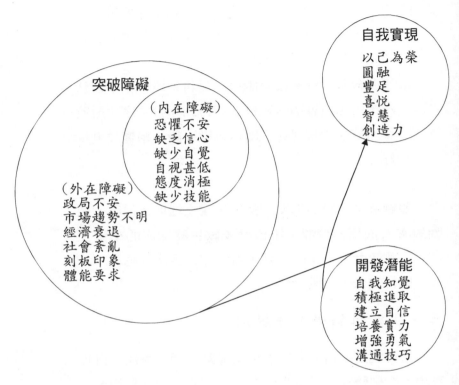

資料來源：羅文基(民81)，改編自Michelogz;(1988),3ed.

事情發生。

　　在我們洞察農夫三個兒子的內在障礙是態度消極且
過於被動、懶惰，而憲明的生涯困擾是因為猶豫行動、
缺乏外在資訊的時候，我們是否想到自己生涯的內外障
礙是否存在，以及如何突破呢？

想一想：自我評估

以下八個生涯發展阻隔因素，你看看自己的那些因素偏高、那些偏低，並請回答以下的問題。

A.意志薄弱　　E.方向選擇

B.猶豫行動　　F.科系選擇

C.資訊探索　　G.學習狀況

D.特質表現　　H.學習困擾

(1)如果有個指標顯示自己八個生涯阻隔因素的高低起伏，你覺得整體分數是偏高或偏低呢？在其中那幾個因素會比較高呢？又那幾個會比較低呢？

(2)這些因素真的對你目前就讀的科系，或從事的工作有負面影響嗎？如果有，那是什麼？

(3)這些因素存在有多久了？你是否曾經想要改變、克服呢？

(4)如果這些因素一直保持下去，沒有任何改變，你的未來藍圖大致會是怎樣呢？

(5)如果你改變了，周遭的人（父母、兄弟姊妹、男／女朋友、先生／太太……）的感覺、看法是如何呢？他們會有那些反應呢？

生涯信念

婦患眼疾 （百喻85）

　　從前有一個婦人，患有嚴重的眼疾，常常痛得很厲害。

　　她的朋友就問她說：「你眼睛痛嗎？」她答說：「很痛，痛得我快受不了！」

　　她的朋友便說：「我認為有眼睛就必定會痛。雖然現在我的眼睛還沒痛，可是為了避免將來疼痛，我想我還是先把兩眼挖掉。」

　　旁人聽了，就勸她說：「如果有眼睛，眼睛有可能會痛，也有可能不痛；但是一個人要是失去了雙眼，那就是一輩子的痛了！」

動動腦

1. 婦人的看法（認知）如何影響她的行為？
2. 日常生活中，你的行為如何反映你的想法？
3. 你對自己的生涯發展與規劃的看法怎麼樣？

生涯智慧

　　故事告訴我們疼痛是真實的感受，但是為了避免疼痛就把眼睛挖掉是錯誤的推論。同理，生涯本身有很高的不確定性，但是如果因為「正確」且「永久性」的事業前程不可得，就否定生涯規劃的重要性，也是錯誤的推論。

　　赫林(Herring)於一九九○年表示：「必須先找出生涯迷思，才能找到對策。」湯姆森(Thomason)首先提出錯誤認知是心理困擾的癥結，錯誤職業生涯的觀念也可能是職業困擾的根源。「認知」與「推論」都屬於內在的心理狀態，就如一個人的人生觀不能以是非對錯來衡量，只有認知與推論對個人造成不良影響時，我們才能將它視為錯誤的信念或不合理的信念。

一、生涯四大信念

範例一：「絕對不能後悔？」

　　生涯不合理信念：既然選擇了一個科系或職業就不能改變，否則一定會被別人瞧不起，因為那是當初我自己堅持的決定。

　　事實：筆者在東吳大學生涯發展中心曾參與過一個調查，結果發現：18.9%的東吳學生表示目前科系並不是自己的興趣，正打算以其他方式來發展

自己有興趣的科系，例如：旁聽、修輔系、雙學位等。美國研究亦顯示，有三成到五成的大一新生打算改變主修學科。做爲一個二十一世紀的上班族，一生轉業六、七次是稀鬆平常的事(Hough, 1973)。可見得，與其埋怨在某一科系和職業，終日鬱鬱寡歡，倒不如放眼未來，另起爐灶。

生涯合理信念：做決定總是有風險的，任何投資都不能保證一定賺錢。我很認眞地在搜集資料，瞭解自己的興趣、性向與能力，那是我對自己負責，誰能替我負責？誰能保證一定成功？

範例二：「我一定要馬上決定？」

生涯不合理信念：遲遲無法決定是懦弱、不成熟的表現。別人都知道自己要做什麼；只有我太差勁，我應該立即做決定。

事實：不決定本身就是一個決定，或許是最明智的決定。研究發現，大學畢業生第一年平均換三個工作；難道做決定去甲公司上班的人，就比不做決定的人聰明嗎？

生涯合理信念：不做決定是可以被接受的，與我個人是否懦弱無關。只要我能多瞭解自己，充實能力，機會來到時我會做最好的選擇。

範例三：「興趣萬能？」

生涯不合理信念：只要找到我的興趣，我就一定能夠成功。

事實：東吳大學生涯發展中心的研究發現：高達
　　45.14%的同學表示，所讀科系原為自己的興趣，
　　但進入該科系就讀後，卻認為所學與原先期待有
　　所差距。這顯示出對該領域的興趣可能因為認識
　　不清而被誤導了。
　　再者，興趣與能力是兩回事。有興趣而無能力，
　　只會增加挫敗感；無興趣而有能力，心中缺乏滿
　　足與喜悅。因此，興趣與能力要同時考量。興趣
　　是調味料，能力是主菜。主菜沒有調味料會索然
　　無味，但是沒有主菜更是萬萬無法做菜。所以我
　　們應該瞭解、培養自己的興趣，加強自我的能力，
　　才能有最佳選擇。
生涯合理信念：找到自己的興趣，不見得一定能成
　　功，但至少做起來會快樂。如果培養自己所感興
　　趣事物的能力，將更能使自己成功。

範例四：「生涯規劃完全無必要？」

生涯不合理信念：船到橋頭自然直；這世界變化太
　　快，生涯規劃只是一時的流行，很多事情既然無
　　法預測，再規劃也是枉然。
事實：生涯規劃不是在談一加一等於二，三年做課
　　長，五年做襄理，十年做經理，十五年做副總，
　　二十年做總經理的歷程。生涯規劃是腳踏現在
　　（二十世紀），放眼未來（二十一世紀），瞭解
　　未來的趨勢動脈，尋求生命中可能適合自己的

路。以台灣而言，過去是「學歷時代」——學歷高，薪水就高，社會地位也水漲船高；但是未來的趨勢是「執照時代」，透過具公信力的途徑，取得社會上認可的執照，才是絕佳的保障。一張熱門的執照，往往比一張博士學歷的文憑還值錢。

生涯合理信念：在多變詭譎的世界，走一步算一步的心態可以讓自己心安；如果能加上自己積極的態度，跟上時代國際化的腳步，對自己是最佳的保障。

範例五：「我完全不需要規劃生涯？」

生涯不合理信念：生涯規劃是屬於想成功的人，我只想平凡過一生，用不著規劃。

事實：生涯規劃的方法有很多，規劃的目的也不是設法讓每個人當某某企業的董事長或總經理，充其量只是讓人們找到自己的舞台，盡興地演出。所以不分男女老幼，小至販夫走卒，大至商業名人、政界領袖，甚至家庭主婦、在校學生等，都可以規劃自己的生涯（羅文基，民81）。舉例來說：翠芳是企研所一年級的學生，在修完生涯規劃課程後，她說：「以前我總是不願想得太多，總認為未來是未知數，日子過得渾渾噩噩的，沒有目標。而今，驚覺時間飛逝，已沒有多少可磋跎，更要正視自己，尋找出適合自己的道路，不

要讓將來留白。」

生涯合理信念：生涯規劃的目的是突破障礙、激發
潛能、自我實現。我可以實現當作家的夢，就如
同我可以實現當導遊的夢。生涯規劃是不分貴賤
的，是屬於每一個踏實的人。

二、結語

生涯不合理思考的例子很多，常在無形中束縛一個
人潛能的發揮。合理思考能使人如虎添翼，增加信心與
活力，形成助力。不合理思考，使消沈的人更消沈，使
頹廢的人生更暗淡，所有精神力量被分散，形成阻力。

雙眼會痛應該求醫診治，但不能挖掉，挖掉就什麼
都看不到。

雖然「正確」與「永久性」的生涯規劃不可得，但
不能全然否定生涯規劃的功能。在美國，小學生可以參
加生涯探索團體的活動，透過遊戲的方式，讓他們的生
涯概念開始萌芽。台灣目前仍是起步的階段，各大專院
校也開始有生涯發展與規劃的課程，並重視生涯輔導。
期待下一個世紀，生涯理念能在本土紮根、開花、結果。

實例一

世發來到輔導中心，吞吞吐吐地表示要和輔導老師面談，做測驗。

世發是某私立大學會計系一年級夜間部的新生，經過測驗的結果，發現生涯興趣測驗六個類型中，世發的事務型分數最高(C)，社會型(S)、企業型(E)分數同分居次。這樣的人格特質組型(CSE)，基本上非常符合會計人員所需具備的個性特質。因為會計人員最重要的是細心、不怕麻煩，做事要沈穩、可靠、不打馬虎眼或「迷糊帳」。而事務型大致上就是這樣個性的人，優點是做事仔細、認真，缺點是缺乏創意。

在價值觀的測驗當中，我們看到世發最重視的是聲望、利他和經濟報酬，最不重視變異性、生活方式的選擇，以及美的追求。聲望是指我的工作在別人眼中的地位為何，利他則是指我的工作是否能帶給別人幫助，對社會是否有貢獻。可見得世發相當在乎別人對自己的評價。他理想的工作是社會地位高、收入不錯、能幫助別人，至於工作是否很有多樣性的變化和美感並不重要。

晤談當中，透過測驗結果的互相討論和解釋，世發很滿意自己的正確選擇──會計系。但是世發還是想休學重考。原來世發覺得自己無法接受自己是夜間部的學生，每次鄰居問：「你怎麼中午還沒去上課？」世發心

裏就很難過、很難過。要不是聯考前那一場大病，他一定可以考上國立大學的商學院。所以，開學到現在半年多，他不參加班上或系上的活動，也幾乎很少和同學說話，常常翹課到中央圖書館唸書。

現在，快下學期了，如果打算休學重考要儘快決定，否則時間上會來不及。

輔導老師充分體諒世發因聯考失意而產生一連串情緒、行為的不良反應。在接納與肯定中，引導世發思考十年後（二十年）後的自己（未來），和十年前自己曾經遭遇過的挫折（過去）。十年前的最大挫折是小學沒有當過班長，老師每次都選女生，現在想起來有點可笑，覺得實在沒有什麼好難過的，而以前還會躲在棉被裏哭整晚。十年後的自己則希望當完兵，唸完會計研究所，開始在大的會計師事務所上班。二十年後希望能獨當一面，當事務所的合夥人。他相信以自己的能力，那時候一定能有所成就。

憧憬未來，回顧從前，輔導老師理性地和世發討論重考的意義和目的。說著說著，世發很不好意思地笑了。「看不透吧！我一直都太好強，每次失敗我都不斷責備自己、責備別人，很不開心。坦白說，我有輸不起的心態；這個害我很慘，害得我國中、高中人際關係都不好，現在，唸大學也好不到那裏去。我看到自己這一點了，老師，你告訴我怎麼辦？」輔導老師不急著給世發建議，他說：「世發，這一條路是你自己要走，或許你自

己的答案會更適合你。我不希望你因為依賴而認為老師的意見就是對的。」世發瞪著眼睛，回應道：「對，我太在意老師的看法。系上有一位老師，每次拿我們的成績和日間部比，然後挖苦我們，讓我對自己唸夜間部感到自卑。其實，本校會計系的訓練很紮實，或許我可以從夜間部轉日間部。而且畢業後考會計研究所，拿到會計師執照後，誰會管我唸日間部還是夜間部。」

世發從自己思考的牛角尖走出來，走出對聯考的悔恨，走出閉塞的人際關係，走出夜間部學生的自卑情結；改變思考之後，他看到生涯更廣闊的天空。

實例二

心理學家富蘭克(Victor Frankl)在第二次世界大戰時被關在納粹集中營裏，面對毒打、虐待、折磨和同伴死亡的陰影，很多人放棄求生的意志。富蘭克在絕望的處境中找到生存的力量。他描述道：「在鬼魅般的每分鐘裏，我找到一絲絲的慰藉。從口袋裏我拿出一小片麵包，內心充滿喜悅。我在腦海裏編織演講台詞，並速寫我的看法。為了避免讓自己活在恐懼的情緒當中，更讓自己不要隨時想到我會被毒氣毒死的事情，我將自己的思考跳離痛苦的現在，飛到甜蜜的過去和可能的未來。」

一九五九年戰後，富蘭克將自己在集中營裏的經驗、思考寫成一本書：《人類意義的追求》(*Man's*

Search for Meaning），而他自己也成為知名的人本心理學家和哲學家。簡而言之，思考如繩索，繞不出思索框框，陷入僵化、直線、固定的模式，就像拿繩索綁住自己的腳，不斷地纏繞，一圈又一圈，最終是動彈不得，陷入死胡同。相反的，在危難時，繩索是救命武器，一根粗的麻繩，可以將人從山谷救起。繩索要打死結，抑或是活結，端看個人理念，思考也是這樣子吧。

想一想

　　美國心理學家艾利斯主張，人是先有思考，再有行為，最後產生情緒。所以，思考的方式，對事物悲觀或樂觀的看法，決定一個人的毀滅性行為或建設性行為，以及他的情緒起伏。

　　艾利斯提出的不合理的信念，見下頁圖表，看完圖表之後請想想：

　　(1)你的思考方式和以上十二項是否有類似之處？

　　(2)你是否有意無意間灌輸周遭的人你的這些看法？

　　(3)這些看法對你真的有負面影響嗎？如果有，那是
　　　 什麼？

　　(4)這些看法會影響你對旁人的期望嗎？

　　(5)你有沒有想到誰有和你有類似的思考方式？你和
　　　 他們的相處如何？

一	一個人的所做所為非常需要每個人的讚許。
二	某些行為實在可惡，冒犯者應受嚴厲處分。
三	如果事情不能如願，該有多麼糟糕。
四	人類痛苦為外在因素所產生，是環境裏的人及事所加諸於人。
五	若某件事確實是危險或可怕的，就應覺得很不想去做
六	避免人生困境要比去面對它來得容易。
七	每個人都需要依靠大於自己的東西。
八	人人都應絕頂能幹、聰明，及在盡可能廣泛的領域內有成就。
九	由於過去經驗曾有一件事予人極大衝擊，它的影響力是必然且長遠的。
十	每個人對環境必須具備某些完善的控制力。
十一	人類快樂可從無為獲得。
十二	一個人是無法控制自己情緒的，因為有些事情實在不能不這樣去想。

資料來源：鮑威爾著，俞筱鈞編譯（1990），《適應心理學》，中國文化大學出版部，頁56。

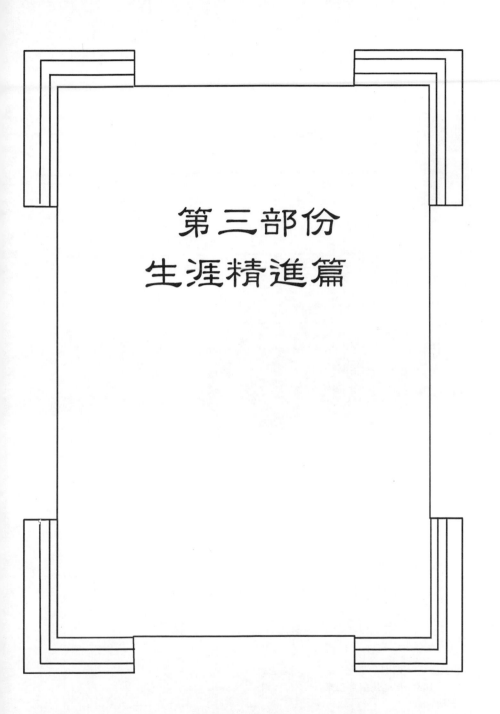

第三部份
生涯精進篇

生涯衝突

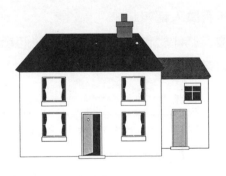

僕人和公雞（伊索寓言）

有一個勤奮的女主人，家裏有很多僕人。

每天一大早，當公雞啼叫的時候，女主人就把僕人叫起，開始工作。

有個僕人提議：「我們乾脆把那隻公雞殺死，這麼一來，女主人就不會起得那麼早，我們就可以睡晚一點。」其他僕人一致附和，於是他們就推派一個人，去把公雞殺死。

第二天早晨，大家都比較晚起，女主人知道公雞死了之後，悶悶不樂。

第三天早晨，女主人因為不知道時辰，天還沒亮，就把所有僕人都叫起來。

僕人們什麼也沒得到，因為他們起床的時間，竟然比以前還早。

動動腦

1. 女主人與僕人之間的角色衝突產生那些問題？
2. 女主人與僕人溝通的狀況如何？
3. 面對衝突除了把公雞殺掉，還有其他衝突解決方式嗎？
4. 溝通與衝突之間的關聯何在？

生涯智慧

寓言中僕人和女主人的立場對立，角色衝突，對於工作時間毫無溝通可言，而公雞本身並非衝突的核心，但卻成為無辜的受害者。

如果僕人針對衝突解決的方式有所改變，不是只有逃避的順從，而改為表面順從却背後反抗的陽奉陰違，那麼公雞就不會被白白的犧牲了。否則衝突若惡化，將導致最糟糕的結局：女主人睡覺不安穩，因為沒有公雞提醒，深怕睡晚了，讓僕人晚起怠惰，所以一夜睡不好，早早把僕人叫醒。而僕人變相加班，心裏更是老大不高興，心裏直嘀咕，恨不得把女主人也殺死，那天下就太平了。不過，天下不會因女主人的死而太平，僕人的下場會更糟，例如被關、被毒打、受良心譴責等。

衝突的解決，不能只處理問題表象，而忽略問題的癥結。尤其是攸關一輩子的事業前程，生涯發展方面的衝突，更是不能不謹慎面對。工作佔了一個人生命的大半，工作影響一個人非常深遠，誰能為另一個人的生涯發展負責呢？

一、生涯衝突解決策略

因此，當我們的生涯決定與別人（父母、男／女朋友、配偶、師長、朋友等）的期盼互相衝突，也就是當

生涯衝突產生時，我們該怎麼辦呢(Carney,1994)？

步驟一：先確認別人的期望。想像你將召開記者會，邀
請四位親朋好友參加。在這個記者會中，你將公佈一
則重要生涯消息，事前你打算以書面資料先告知他們
這則消息（見表格A）。

步驟二：填完表格A之後，想一想記者會只能邀四位親
朋好友，你會邀那四位？他們是誰？回答表格B的問
題。

步驟三：想像你的記者會就要開始，你在門口準備迎接
他們，當你看到他們時，你的反應是什麼？當你正式
宣佈你的決定時，他們的反應又如何呢？你講話時，
有人插嘴或試著打斷你的話嗎？有誰支持你？有誰從
頭到尾不說任何一句話，只是靜靜地看？詳細記錄這
四位的反應於表格B，這些雖然是想像，但對你而言非
常有幫助。

步驟四：當記者會結束了，他們紛紛向你道別時，你們
究竟交換了什麼意見？你將這些觀察與看法，填入表
格B。

步驟五：瞭解他人不同意的理由。

步驟六：進一步詳細分析他人不同意的理由。參閱表格
C來分析對你所宣佈的事件，在場四位人士，他們分別
的看法、感受、可能的阻撓與干預。將最反對你的置
於第一位，然後試著排序下來，最後一位是最不反對
的，甚至可能是支持你的人。心理學家高登(Gordon,

表格 A

＿＿＿＿＿＿＿＿的生涯新聞記者會通知函
（你的姓名）

　　　本人＿＿＿＿＿＿（你的姓名）在此記者會向大家正
式宣佈，本人目前的生涯決定是＿＿＿＿＿＿＿，
本人對此決定已經考慮良久，並曾經參加以下活動
＿＿＿＿＿＿＿＿＿＿＿＿＿＿＿＿＿＿＿＿＿＿＿
＿＿＿＿＿＿＿＿＿＿＿＿＿＿＿＿＿＿＿＿＿＿＿
＿＿＿＿＿＿＿＿＿＿＿＿＿＿＿＿＿＿＿＿＿＿＿

因此本人相信＿＿＿＿＿＿＿＿＿＿＿＿＿＿＿＿＿
＿＿＿＿＿＿＿＿＿＿＿＿＿＿＿＿＿＿＿＿＿＿＿

希望未來本人能夠達成＿＿＿＿＿＿＿＿＿＿＿＿＿
＿＿＿＿＿＿＿＿＿＿＿＿＿＿＿＿＿＿＿＿＿＿＿

謝謝您的蒞臨與指教

記者會時間：＿＿＿＿＿＿＿＿＿＿＿＿＿＿＿＿＿＿＿
記者會地點：＿＿＿＿＿＿＿＿＿＿＿＿＿＿＿＿＿＿＿
選擇此時間與地點的原因：＿＿＿＿＿＿＿＿＿＿＿＿

資料來源：改編自 Seashore, Transitions Fantasy.

表格 B

記 者 會 名 錄			
記者會成員			
姓名:	姓名:	姓名:	姓名:
與本人的關係:			
邀請此人的原因:			
等待此人到來時我的感受:			
歡近他/她的蒞臨時我的感受:			
在宣佈之前，我對在場每個人的感受:			
他/她對我決定的反應:			
對於他/她的反應我的態度:			
當散會時時我的觀察:			

資料來源： Carney 1994,Discover the Career Within You ,p.277.

表格C

衝 突 評 估 指 南				
A.事件：我所宣佈的消息	B.他/她的看法	C.他/她對此事的感受	D.他/她將採取的干預行動	E.我對此人的感受
對此消息感到最難過的人：1.				
2.				
3.				
對此消息感到最不難過的人:4.				

資料來源： Carney,1994,Discorver the Career Within You ,p.277.

1972)提出十二種他人如何阻撓、反對你決定的行為，
分別是：

(1)命令、要求

　　「你就照著我的意思做，我不管老師說什麼。」

(2)威脅、警告

　　「你如果不轉系，休想我幫你付學費。」

(3)說教、道德化

　　「你如果轉行，別人會看笑話。」

　　「我們對你付出這麼多，你怎麼忘恩負義，完全忘
　　　記我們對你的期望。」

(4)勸告、建議

　　「去和你舅舅談一談，他是會計師，知道的比你的
　　　指導教授還多。」

(5)教導

　　「當我像你這樣年紀的時候，那有像你這麼幸運。」

　　「你如果認眞讀書，以後的前景無可限量。」

(6)指責、批評

　　「我對你眞是失望極了。」

　　「這是非常不成熟、不負責任的做法。」

(7)逢迎、讚美

　　「你知道我們一直都以你爲傲。」

　　「你一直都是個好學生。」

(8)刻板化、標籤化

　　「你以爲你多唸幾年書就了不起啦！」

「你是敗家子。」

(9)分析、診斷

「你根本不知道自己在做什麼！」

「你唸不好是因為你根本不認真！」

(10)撫慰、支持

「每個年輕人都會走過這樣的時期，過了就沒事。」

「你是很有潛力的。」

(11)詢問、質詢

「如果你不繼續唸書，你以後能做什麼？」

「你到底腦袋裏在想什麼？」

(12)挖苦、轉移目標

「你幹嘛不乾脆辭職，到深山隱居算了？」

「職棒打得如何？」

他人對你的決定，所採取的反對方式很多，可能剛開始是又褒又捧，又曉以大義，若無效就改採威脅、指責、批判的方式。最主要是他們希望你能依照他們的期望來規劃生涯。

步驟七：建設性的生涯衝突解決方法

(1)先確認自己喜歡做而且擅長的工作。家人總是為了你好，他們的擔心、憂心，使得他們「恨不得」能為你做每一件事。先確認自己喜歡的而且能做的事，你才能有信心和他們溝通。

(2)準備充分的生涯資訊。運用正確、客觀的資料，並準備可供利用的資源，告訴他們其實你是有計劃

的,並非不成熟、唐突的決定。

(3)選擇良好的地點、良好的時間進行溝通。傾聽他人
的建議,不是要爭個你輸我贏,而是將分歧點減到
最低,找尋彼此的共通性。

二、生涯衝突解決模式

威權式的生涯衝突處理方式已越來越難產生效果,
以建設性的方式處理生涯衝突顯得格外重要。

美國威爾斯教授提出ABCD生涯衝突解決的因應模
式。

A是指生涯事件。

B是指他人對此事件的看法。

C是指他人對此事件的感受。

D是指他人對此事件可能的干預和反對方式。

‧實例

以建國的例子來說明。建國的爺爺奶奶希望建國考
研究所。建國認為自己已老大不小,希望大學畢業後就
去找工作。他對讀書沒興趣,根本不想再唸研究所。

針對爺爺奶奶的強烈反對,建國的衝突評估指南內
容是:

ABCD 策略重要人物	A 事　件	B 他人對此事的看法	C 他人對此事的感受	D 他人可能採取的反對方式
爺爺 奶奶	建國選擇就業，不唸研究所	1.學歷越高越好，不唸博士，好歹唸碩士。 2.建國就是好玩、不用功。 3.建國是家中唯一的男孫，其他孫女兒都唸，他為什麼不唸？ 4.不趁著大學畢業趕快唸，以後就不可能唸研究所了。 5.學歷越高，口袋的錢越多。	生氣 失望 憤怒 挫敗感 無助感	1.命令、要求的-- 「我不管你愛不愛唸，你都要去唸，這樣是為你好」。 2.威脅、恐嚇的-- 「你如果不唸，我死都不瞑目」。 「你如果不唸，就是沒把我放在眼裡。」 3.利誘的-- 「你如果去唸，爺爺買輛車給你。」 「你要什麼我都買給你。」 4.讚美的-- 「建國一直是很乖、很聽話的孫子。」 5.曉以大義的-- 「你如果不唸研究所，我們家的學歷就屬你最低。」 「你別忘了，你是家中的獨子。」

　　瞭解爺爺奶奶的立場、看法、感受和可能的反對方式後，建國打算採取的策略是：

(1)找個他們心情好的時間，和他們聊聊，下盤棋或
　　喝杯老人茶。

(2)肯定爺爺奶奶的用心良苦。

(3)告訴他們自己興趣不在唸書，而且如果真的要唸
　　研究所，也不知道自己要唸那個研究所。

(4)目前研究所出來的就業情況並沒有他們想像中
　　好。學歷越高，賺的錢不見得越高，很可能還會
　　找不到工作。

(5)感謝爺爺奶奶的栽培。先工作，找到自己的興趣，
　　回來唸研究所才會更賣力，否則唸研究所只是浪
　　費時間。

　　最後，ABCD策略，溝通整理如下：

A 生涯 事件	B 針對爺爺奶奶的反對，建國的看法	C 建國的感受	D 建國的行動
六十二年次的建國不想考研究所，打算直接就業。	他們關心我，怕我走錯一步路會後悔一輩子。其實我知道自己要什麼，我必須把我的計畫告訴他們，他們才不會擔心。而且，讓他們知道目前的就業市場狀況也是好的。	自信愉快有計劃沒有罪惡感 「我能夠自己做決定，我已經是大人了。」	和爺爺聊聊這幾年重考、唸書的感想。爺爺奶奶的支持對他一直很重要。 目前有一家代理消防器材的公司找他過去幫忙，他覺得這行業很有前景，機會難得，所以唸研究所的事情暫不考慮。

三、結語

　　衝突的解決，本來就不容易。生涯衝突的影響力更是不能忽視。佛洛伊德認為「愛」與「工作」是人生最重要的兩件事。因為美滿的感情生活，會帶給生命最大的鼓舞與喜悅；而擁有一份愉快的工作，可以實現人生的理想與抱負。

　　勉強的愛情，沒有火花；
　　勉強的工作，沒有活力。

　　你在尋找自己適合的工作時，如果不幸你的選擇與他人產生衝突，不要忘了運用建設性的生涯衝突解決策略，或許事情將絕地逢春而起死回生。

生涯怨懟

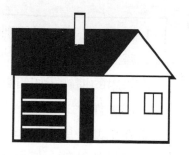

一妻一妾 （百喻71）

　　從前有一個人，娶了兩個老婆。

　　平常他如果比較親近某一個老婆，另一個老婆必定吃醋、生氣。為了這件事情，他實在不知要如何做才好，弄得只好相互約定，每天晚上睡在兩個老婆的中間，以示公平。

　　有一天夜裡，正好下大雨，因為屋子漏水，雨水與泥漿便紛紛掉落下來，恰好就落在那人的眼睛上。那人因為與老婆有約在先，雖然遭水土侵襲，也不好意思偏向那一邊，結果兩眼全被泥漿弄瞎了。他從此自怨自艾，抱憾終生。

動動腦

1. 如果一心想要討好別人，如何規劃生涯？
2. 怨懟的情緒，如何影響一個人的生活與工作？
3. 在生涯發展上，如果長期處於怨懟、不滿的狀態，如何突破困境呢？

生涯智慧

這位擁有一妻一妾者，因爲堅守「公平」的原則，結果弄瞎了雙眼。一心想要討好妻妾，而到頭來卻是自己受罪。

生涯規劃是不能建立在只想討好別人的基礎上。

一、素萍的生涯怨懟情結

素萍原本要唸大學，但是在高二那年認識文彬，文彬的熱烈追求與誠懇打動了素萍。文彬大素萍十歲，在家裏的工廠工作。素萍高中畢業後，便順理成章地到工廠幫忙。近來，素萍覺得文彬對她的態度有很大的轉變，忽冷忽熱，她不知道是因爲自己太在乎文彬，而變得神經質似的敏感，還是文彬變了。

素萍開始問自己，萬一文彬變心了，她該怎麼辦？高中畢業，沒有一技之長，她要去哪裏找合適的工作？同時，素萍開始後悔自己當初荒廢課業，爲這份感情所做的犧牲。

在素萍的身上，我們看到因爲一味地討好他人，結果給自己帶來無限的苦惱，也產生了怨懟的情結。

在親密的關係裏，我們總是願意爲對方犧牲，畢竟犧牲也是愛的表現。糟糕的是，爲對方「做過頭」的犧牲，會有爲「對方做太多事」的感覺，在心靈深處，亦

潛存著期待對方相對應的付出或「做過頭」的犧牲。潛存的深處期待是不能明說的，說白了大家不好看。可是，不說的或說不出的期待，往往在溝通不良或不符合自己想像之下，常常產生誤會與怨尤。我們在生活中可以看到父母對子女的怨，妻子對丈夫的怨，媳婦對婆婆的怨，這些都有類似的傾向。

處在怨懟中的生涯是苦的，是有諸多無奈的。

話說回來，如何走出怨懟的生涯路呢？

例如，問自己當初是怎麼做選擇的，當時的決定是怎麼形成的？素萍可以回想高二、高三時的成績如何，為什麼不參加大學聯考？純粹是因為文彬的反對，還是另有其他經濟或學業上的原因？

二、開始(START)遠離怨懟的情結

START模式是協助走出怨懟生涯路的方法。

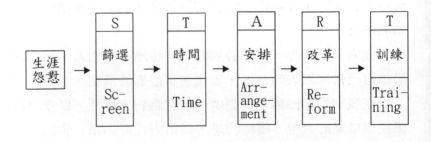

(一)Screen——篩選

篩選自己曾經做過的決定，回想自己你的決定通常是如何形成的，例如素萍應該仔細回想當初為何不參加大學聯考；純粹是因為文彬的反對，還是另有其他家庭、經濟或學業上的因素。至於你的決定通常是以別人的意見為意見，還是固執己見呢？

(二)Time——時間

怨懟的感覺有多久了？怨懟時候的你，通常如何發洩情緒？是打電話給老同學、逛街買衣服、吃東西、睡覺，還是找機會和對方大吵一架？以素萍為例，她可能會發現怨懟是最近半年來的感受，起因是文彬常到東南亞出差，一去半個月，也沒寫信，而打電話也只談公事而已。溝通不良加上情感上的不滿足，使她對感情產生很大的懷疑。

(三)Arrangement——安排

情緒如潮水，壓得了一時，壓不了永遠。怨懟的情緒一定會感染周遭的人，不是臭臭的火藥味，就是酸酸的挖苦。

此時，重新調整生活的重心，安排自己的時間，就變得非常重要。素萍可以利用下班後，參加政府或私人機構的講習、訓練課程，學得一技之長，例如參加美容美髮、插花、新娘化妝、英打、中打、電腦文書處理、會計實務等課程，這樣不僅可以使素萍學習技能而且不與社會脫節，更重要的是素萍會對自己更有信心。

㈣Reform—改革

在個性上、時間規劃上、決策風格上、人際關係上，自己是否有需要改進的地方？改變原來的生活方式很難，你真的有這樣的決心和勇氣嗎？只要針對自己的安排，做一番改革，就可以給自己重新的開始。

㈤Training—訓練

訓練課程與進修計畫對素萍能力的提昇與未來工作的選擇格外重要。如果沒有其他專長的訓練，只憑高中學歷，素萍即使非常討厭文彬家中的工作，在沒有更好的選擇之下，只得忍耐。

素萍可以根據工作中的經驗與自我認識，了解自己的性向、能力，再選擇合適的訓練課程，最好能取得政府核發的證書，以利就業。

三、結語

篩選、時間、安排、改革、訓練五大步驟，START是協助脫離生涯怨懟的困境，停止埋怨的方法。

怨對方，只是把所有的注意力、精神都放在對方的身上，看到的盡是對方的不是，忘記自己本身可以自我提昇之處。

能夠走出怨懟情結，就可以開始(START)開展生涯舞台上更盡興、更賣力的演出。

行職業趨勢

愚人擠乳 (百喻77)

從前邊遠地區有一個小國，全國的人都沒看過驢子，但他們卻聽說驢乳極為鮮美，可惜都沒人喝過。

有一天，他們獲得一頭公驢，為了想擠驢奶喝，眾人就一起把驢抓起來。

大家手忙腳亂，其中有人抓頭，有人抓耳，有人抓腳，有人抓尾巴，更有人抓住驢的那根屌子（生殖器）。每個人都想先擠得驢奶品嚐美味。

抓住驢屌的那個人，大聲叫道：「驢乳在這裏。」說完立刻用手去擠，希望擠出驢乳。

結果，大夥兒一陣混亂，大家弄得精疲力竭，卻沒半個人擠到驢乳。

動動腦

1. 為什麼大家擠了半天，仍擠不出半滴驢乳？
2. 為什麼有些人從事「所謂的」熱門行業，可是卻不快樂？
3. 如何可以知道那些職業是未來熱門的行業呢？

生涯智慧

　　讀到這則故事，最大的感慨是：這群人非常無知。寓言中的小國人民對於動物的陌生而產生的無知，似乎是可以理解的。所以，從公驢身上擠不出驢奶是理所當然的。可憐的公驢被這群無知的人捉弄，心裏不知作何感想。

　　談到為自己規劃生涯，坦白說，很多人也是處於無知的狀態，事到臨頭、迫在眉睫時才慌慌亂亂地做個決定，譬如快畢業了，才開始想：「我到底要做什麼？」要交志願卡的前一天晚上，才開始想：「我要填那個學校那個科系？我唸這個科系，會不會志趣不合？」生涯雖然包含很多角色（學生、公民、休閒者、職場的工作者、孩子的父母親等），但是，其中有一個角色是難以忽略的，那就是職場的工作者。

　　職場的工作者，象徵一個人的社會地位，而社會地位也隱含了收入高低的成份在裏面。在美國，如果某個學區住的是律師、醫師、司法官、企業家等高收入職業的父母時，這個學區就是好學區。相反的，不好的學區是指學生的父母是流浪漢、小販、低收入者，而犯罪率也高。所以規劃生涯若不考慮升遷機會、社會地位、薪水待遇、工作保障、福利津貼、行業前景，是不可能順遂如意的。

一、未來熱門行業介紹

我們來看一看就業情報雜誌社調查看好的七大熱門行業及未來最具發展的一百大職業（見下頁圖）。

至於製造業在台灣是否已被淘汰呢？

答案是傳統的高污染、高人力密集的製造業，在台灣不被看好。經濟部已擬定「未來十年製造業發展政策與措施」，預計公元二○○二年時，製造業產值將不減反增加一倍。製造業的發展將以高科技產業為主流，包括高畫質電視、通訊、半導體、消費電子、精密機械、自動化、航太、高級材料、特用化學、製藥、醫療保健、污染防治等新興工業。由此可見，傳統工業將走向精緻化，生產產量少而多樣化、高品質的產品。所以，未來製造業的員工會減少，但員工的整體素質將有所調整。專門技術人員受雇比率，將從八十一年的8.1%，提升至九一年的15%，平均年成長率為6.2%。

所以，製造業沒有被淘汰，只是轉型而已。

至於日趨熱門的服務業，八十三年的產值佔國內生產額55.91%。從今年開始，平均每兩個就業者中，就有一人投入服務業。但是，企業的多角化經營也使得服務業與製造業的分際越來越模糊。統一企業不僅銷售商品，同樣也自創品牌加入銷售的行列。很多家電業都有製造部門和貿易、門市部門，為的就是達到產銷合一、增加利潤的目的。

未來七大熱門行業

類別	熱　門　工　作		發　展　潛　力
金融保險	銀行 郵政 信用合作社 信託投資 證券經濟商	保險代理商 期貨經銷商 精算師、外匯操作 　等相關人員	1.市場開放 2.邁向亞洲金融營運中心 3.高專業、高附加價值、高所得 4.未來五到年需求大於供給 5.具實務經驗者吃香
資訊服務	程式設計師 系統分析師 系統整合師 娛樂軟體設計師 電腦服務技術員	電腦操作員	1.製造業升級後的明星產業 2.各行業全面電腦化 3.屬尖端行業 4.腦力密集 5.獲利高
商 業	報關代理商 船務代理商 陸、海、空運輸服務 貿易商 國貿人才等相關人員		1.出口導向仍是未來經濟發展主流 2.國際貿易、區域經濟及兩岸市場交流頻繁
	人力資源經理 人才仲介、派遣 人事招募人員 仲介經濟人 公關專員		1.人力資源管理攸關企業盛衰 2.企業考量用人成本及個人工作觀改變，臨時迷你人力吃香 3.企業形象塑造日益重要 4.仰賴專人代理房地產事務
	連鎖商店經營者 採購代理商 郵購代理商		滿足現代人個性化、便利性的消費需求
醫療保健	老人醫療保健、護理 家庭保健 醫師 營養師 職能治療師	物理治療師 心理治療師 醫事技術人員 醫療行政人員	1.人口高齡化 2.家庭保健受重視 3.職業病防治重要性增加 4.高收入 5.醫療品質精進

文 教 休 閒	旅遊代理商 生活休閒開發專家 旅館經理		1.精緻、主題旅遊盛行 2.休閒行程規劃及硬體開發 　越受重視
	各級學校教師 學前教育人員 特殊教育人員 社會教育人員 職業訓練人員	企業教育訓練講師	1.活到老、學到老觀念深植人 　心 2.人力運用質重於量 3.學校教育不足以應付社會 　與工作發展所需
	情報工作者 新聞記者 刊物主編 廣告文案人員		1.資訊整合、編輯工作吃香 2.最富創意的工作、潛力無窮
工 程 師	製造工程師 品管工程師 工業工程師 土木工程師 電機工程師	機械工程師 環保工程師	1.具備專業、創意、腦力密集 　等熱門工作特質 2.擔負產業升級的重任 3.社會菁英的集合
公 共 及 個 人 服 務 業	稅務專家 律師 會計師 建築師		1.專業地位受社會肯定 2.具國際實務經驗者最吃香 3.高收入
	翻譯人員 都市規劃師 工程顧問 投資顧問 管理顧問		1.靠專業吃飯 2.適合個人工作型態，亦可依 　附在企業內
	保母 社會工作者 就業輔導諮詢顧問		因應現代工作趨勢及社會福 利所需
	造型設計師 服裝設計師 商業設計師 工業設計師		1.符合個性化、流行、少量多 　樣的彈性需求 2.講究創意、極富潛力

資料來源：翁靜玉（民 84 ）.

未來最具發展的一百大職業

＊行銷業務類	25.人力資源經理	50.都市計劃師	76.造型設計師
1.行銷企劃	26.企業公關	51.土木工程師	77.服裝設計師
2.廣告AE	27.職能鑑定師	52.土木技師	78.談判人才
3.國貿行銷	＊技術研發類	53.景觀建築師	79.專業講師
4.證券營業員	28.環境工程師	54.建築製圖員	80.飛航教師
5.壽險顧問	29.航空.工程師	55.營建工程製圖員	81.室內設計師
6.房屋仲介經濟人	30.維修工程師	＊專門技藝類	＊個人及其他服務業
7.旅行社業務	31.電信工程師	56.幼教老師	82.導覽人員
8.汽車銷售	32.化學工程師	57.小學老師	83.模特兒
9.事務機器銷售	33.紡織工程師	58.補習班老師	84.櫃台
10.電腦銷售	34.陶瓷技師	59.企業形象設計師	85.餐廳經理
11.藥品銷售	35.系統分析師	60.舞台設計師	86.編劇
12.直銷	36.應用程式設計師	61.攝影師	87.空服員
＊財務會計類	37.系統程式設計師	62.珠寶設計師	88.作家
13.精算師	38.品管工程師	63.整型醫師	89.漫畫家
14.會計師	39.環境保護工程師	64.營養師	90.娛樂事業經濟人
15.理財規劃師	40.電機工程師	65.家庭醫學科醫生	91.歌星
16.期貨操作員	41.機械工程師	66.精神科醫師	92.演員
17.外匯交易員	42.工業產品設計工程師	67.復建科醫師	93.導演
18.基金經理人	43.工業工程師	68.心理復建師	94.電視節目企劃
19.採購	＊工務或生產類	69.律師	95.廣播電視導播
20.銀行行員	44.食品及飲料技師	70.新聞記者	96.儒保
＊行政事務類	45.製造工程師	71.文字編輯	97.看護
21.人才仲介師	46.建築師	72.編輯企劃	98.導遊、領隊
22.業務秘書	47.結構工程師	73.創意指導	99.配音員
23.行政秘書	48.模具工程師	74.口譯人員	100.播音員
24.市調人員	49.車輛工程師	75.版權談判	

資料來源：翁靜玉（民84）.

文教業方面，師範體系獨佔初等教育與中等教育的情況逐漸式微。整個教育體制需要更活潑、創新的改革和教法。由傳統的單項教導、背誦爲主的教學結構，改爲著重互動、引發學生思考與表達的教學品質。未來，各大學將廣設教育學程，以利大學生一圓當老師的夢。教育制度的彈性化與大學聯考錄取率提高，對補習班有最大的影響，重考班年年減班，補習班招生工作益加困難。所以，紅極一時的升大學補教業，逐漸面臨夕陽的窘境。但是，只要有中國人的地方就有補習。目前，補教業當紅的是針對研究所考試、高普考試、專技人員考試、留學考試(托福、GRE)等。而特殊教育人才在台灣也是非常缺乏的。台灣未來會越來越重視社會福利，照顧弱勢族群，所以學校開設特殊教育班級或設置特殊教育學校將是時勢所趨。

　　瞭解趨勢，最後讓我們一窺企業新進員工的薪資行情。《商業周刊》在八十四年四月份針對企業新鮮人起薪進行調查。高中畢業平均薪資爲一萬九千元，專科二萬二千元，大學二萬五千元，碩士三萬二千元。

　　我們再從職務別來看薪資的差異。薪資水準偏高的是市場開發的業務人員，及擔任技術重任的研發人才；這兩者都是企業面臨競爭的左右手。薪資偏低的是一般內勤工作，包括人事行政、文書，因爲收入固定，不似外勤工作有獎金、業績、佣金等。

二、認識行職業的管道

　　知與無知，認識行職業的方法很多，基本上可以分為二種：

㈠靜態資訊

(1)刊物：報章雜誌、快報、專文等資料，例如青輔會的求才專刊、職訓局的行職業展望、行政院出版的中華民國職業分類典、大考中心出版的書籍等。

(2)企業簡介：青輔會曾經補助多所學校建立職業資料中心，內容有企業書面資料或錄影帶等。

(3)視聽資訊：勞委會職訓局、教育單位製作不少視聽的工作資訊，可向圖書館借閱。

(4)電腦網路連線：在家裏透過網路查詢資料，就可立即獲得就業資訊，非常便捷。

㈡動態資訊

(1)請教從事該行業的親朋好友，通常他們都會樂意協助，而且可以深入分享他們的工作心得。

(2)直接的打工經驗，這是最直接的體驗。但是，要慎選打工機構，以免被騙，得不償失。

(3)參加短期的研習活動，例如編輯研習營、領導才能研習、成長團體等活動。

(4)實地參觀、訪問。曾有學生對飯店的經營管理有興趣，於是直接打電話與某大飯店的人事主管訪

問，或是學校輔導機構帶領學生參觀工廠、公司等。

(5)參加校園徵才說明會或企業簡介座談會等活動。

三、結語

對於行職業有充分的認識，才能破除我們對某些職業或工作的刻板印象和迷信。有些工作，例如企劃常是學生畢業後想找的工作，但是公司的整體企劃適合社會新鮮人來擬定嗎？有些工作的薪資是固定的，對於社會新鮮人很難達到年薪百萬的目標，例如內勤的工作即是。

總而言之，對於工作世界充分瞭解，是設定可行生涯目標的基礎。工作前下苦功，總比工作後轉職好吧！

知與未知，生涯如棋局，你如何佈局呢？

實例

　　昭青在高中時面臨一個重大的抉擇。他對繪畫非常有興趣，從小寫生比賽就常得獎，他相信在藝術上自己有足夠的天賦與能力。他希望能繼續唸美術系，專攻藝術的創作。然而，當時的社會期許與家人看法，都認為唸美術的男孩子將來會沒出息，更不用說要養家糊口。於是他放棄了美術，選擇科學。重考兩年，昭青好不容易考進當時最熱門的核能工程學系。大學畢業後，他進入核能發電場服務。

　　服務滿十年後，昭青考慮轉業，昔日被認為最有發展潛力的核能工程，如今卻是全球環保團體的攻擊對象。昭青目前常到處旅遊，接觸少數民族的藝術與文化，他期許自己有一天能像劉其偉先生，在三十八歲那年由工程走入藝術與人類學的領域。

　　昭青相信與其追求社會上的冷門或熱門行業，倒不如回到內在世界，找尋屬於自己內心的熱門職業，然後全心投入，即使賺不了大錢，至少賺得愜意的人生。

高學歷人才的因應

火燒沈香 （百喻22）

　　從前有一位長者的兒子，出海採集沈香木，好不容易才採集了一車子的沈香木。他把這車沈香木運回家，並送到市場販賣。雖然質地好，但成本高，價錢貴，因此沒人買，他心中感到非常懊惱。這時，他看見賣木炭的人在很短時間內就把木炭賣光。他便想：我不如把沈香木燒成木炭，如此便可很快地賣出去。因此，他就把整車的沈香木都燒成木炭，送到市場賣。結果賣是賣出去了，可是所賣的錢，卻比別人半車木炭所賣的錢還少，因為用沈香木燒成的木炭並不是上等的木炭。

動動腦

1. 沈香木原本是上等好木材，在被燒成木炭與高價賣出之間，是否仍有其他可能的用途？

2. 如果你是優秀的人才，在高薪的工作與失業在家之間，是否有其他發展的可能性？

3. 如果有良好的行銷策略與危機意識，沈香木可能的銷售結果會是如何？

4. 如果有更多的準備，高學歷人才必然會失業嗎？

生涯智慧

近來就業趨勢最流行的一句話是「高學歷，高失業率」；甚至有的媒體的標題是「高學歷輓歌的時代」。行政院主計處在八十三年二月發佈了一份台灣地區人力資源調查統計，發現各類學歷者（小學至研究所）平均失業率為1.56%，而大專及以上程度者失業率達2.23%。

這樣的訊息隱隱約約間透露兩件事：(1)學歷貶值，碩士、博士不再像過去那般的被視為稀世珍寶。(2)學歷貶值所帶來的是台灣歷史上前所未有的高學歷恐慌症。

高學歷恐慌症的症狀是：

第一，危機意識提高，很多學生一進入學或專科就開始積極規劃未來的就職生涯，不管是轉學、轉系、插大或是休學重考，他們都希望能儘快為自己找到妥善的途徑。以東吳大學為例，每年都有三、四百個學生與輔導老師預約生涯晤談，其他做心理測驗的學生更是多達千人。害怕畢業即失業，使得越來越多學生將找工作本身當作「一回事」，認真籌劃，深怕一不小心好機會被別人捷足先登了。

第二，科系的冷門、熱門已不再重要。再熱門的工作常常只是曇花一現。幾年以前，景氣好的時候，電腦、房地產、股票很熱門，大家一頭熱，但是，只有兩、三年光景，股票就狂跌，電腦業合併的合併、倒閉的倒閉，

房地產更慘到大公司頻頻跳票。總之，熱門科系會變冷，冷門科系會變熱。冷熱之間，重要的不是科系，而是實力。

第三，企業減肥已成趨勢，個人對公司從一而終已成神話。在劇烈的競爭淘汰下，企業本身並不安穩，企業也在加速地分裂、重組、購併、聯盟。有人說，九十年代以後，裁員的速度比招募新人的速度還快，例如美國在一九八〇年到一九九三年之間，五百大製造業共裁員了四百七十萬人，相當於全美四分之一的勞動力。

世界的潮流是企業減肥、組織精簡及科技產品的大量運用。傳統的一個蘿蔔一個坑的職位，正隨著辦公室與工廠的自動化，隨著企業將非核心部門外包、大量運用外部顧問和臨時工等資源，而逐漸消失。任何一個部門，任何一個員工，如果不能替公司帶來利潤，就難逃被一腳踢開的命運。例如，台灣IBM早已陸續將打字、總務、採購、機器維修等非核心競爭力的工作外包出去。

第四，單一專長不敷所需，第二、第三專長已成趨勢。誰都難以預料今日所學，明日是否能有所發揮；更何況資訊科技近年來一日千里的進展速度，已迫使每個人都要不斷學習新知識、新技術。面對工作轉型，以前會速記、心算就夠了，現在卻要熟悉電腦。以前用PE2，現在用word、excel，明天呢？誰都不知道。總之，越能夠吸收新知，越能夠讓我們更有彈性地面對挑戰。終身學習的精神將是二十一世紀的潮流。

沈香木是上等木材，但缺點是用途有限、價錢昂貴，導致在行銷上無法推展。與其孤芳自賞，懷才不遇，感嘆伯樂難尋，倒不如讓我們把自己這塊上等木材的缺點降低、優點突顯，這樣的生涯之路才能更寬廣。

實例

「據統計資料顯示，七十三學年度研究所招生人數，博士、碩士班合計五千一百九十三人，報考人數三萬一千餘人。八十二學年度招生人數一萬五千四百二十四人，報考人數約十萬人，招生及報考人數均為七十三學年度之三倍。」

志鵬看到這則新聞，他充分能理解大學生考研究所的心情，和研究生畢業前面臨就業的焦慮，因為這條路自己也是這樣走過來的。

從高中唸師大附中起，每天看到好多人到美國在台協會排隊，準備出國留學。他心裏就好納悶：「美國到底是什麼樣子？為什麼那麼多人要去唸書呢？」

志鵬大學唸的是機械系，畢業後，當完兵，看到行政院青年輔導委員會有辦理大專以上畢業青年電腦方面的第二專長補充訓練，他毫不猶豫地就報名。志鵬家境並不好，爸爸開計程車，媽媽替人幫傭，家中小孩眾多，根本不可能出錢讓志鵬繼續深造，把握每個學習機會。志鵬說：「以後即使我不走電腦業，但是那個行業不會用到電腦呢？」受訓期間，志鵬仍沒放棄大學四年的習慣，那就是每天聽半小時至一小時的英文廣播節目，並看《時代雜誌》（*Time*）和《新聞周刊》（*Newsweek*）雜誌。除此之外，他並購得一些電腦器材書籍，

自己探索進修。

受訓完，覺得自己英文也不錯，志鵬抱著姑且一試的心情申請國外學校，沒想到，對方學校不僅同意他的入學申請，還願意提供獎學金。

兩年半期間，在獎學金的協助之下，志鵬賣力地修完工程和行銷雙碩士；接著，和大部份的人一樣，他也面臨就業的問題。

回國四年，現在志鵬在某外商工程公司，擔任專案經理。回顧自己的學習歷程，他說：「一步一腳印，我每步都走得很踏實。我學過很多東西，有人說很紊雜，但我不認為如此，因為，英文和電腦是工具，工程和企管是利器。在事業上我有很強的企圖心。我常問自己：當下個機會來的時候，我準備好了嗎？我想也是因為我長時間的準備，我才能出國唸書，回國後又能受老闆的賞識。一切得來不易，我非常珍惜。」

問志鵬下一個學習目標是什麼，他說：「學日文！我現在英文不錯，如果再把日文學好，那就如虎添翼了！」

在志鵬身上，看到他為自己儲備很多的資源，他不吝於在自己身上花時間、花金錢的投資。可以說志鵬非常有危機意識，因此，他隨時不忘為自己「充電」。對志鵬而言，學歷是有終點，而學習卻是無止境的。

現代的沈香木不能只有單一用途。上等木材經過加工之後，反而會變得更有價值。

抉擇型態

痴戀王女 （百喻76）

　　從前有一位農村青年，進城遊玩，看見國王的女兒長得明艷動人，天香國色，世間少有。他情不自禁地日夜都思念著她，一心一意想與她交往，卻又不能如願以償，於是相思成疾，臉色一天一天地枯黃。

　　朋友見他這樣子，便問他：「你為什麼變得如此憔悴？」他回答說：「我前幾天到城裏去，看見國王的女兒，既美麗又端莊，很想和她交往，但不能如願。我想我如果不能一償夙願，必然會一病不起。」

　　朋友就安慰他說：「我們會為你想辦法，使你如願以償，現在你暫且不要煩惱。」過了幾天，朋友對他說：「我們為你想了許許多多的方法，可是公主暫時沒有這個意願。」這位青年聽見，很高興地笑說：「我有信心將來一定能夠得到她。」

動動腦

1. 農村青年對公主的感情是理性的，還是直覺式的？
2. 農村青年得到公主的可能性如何？
3. 農村青年有信心可以得到公主，除了信心，他還需要什麼，才能增加得到公主的機會？

生涯智慧

我們每天都在做決定，逛街時我們看到美麗、中意
的衣服，衝動之下，掏出信用卡，買了。有些人，壓抑
住心中的衝動，理性想一想，比比價，再請朋友來鑑定
一番，才下最後決定，買了。雖然結果都是一樣的，但
是過程中兩者採取的方式卻大不相同。

寓言裏的農村青年，巧遇美麗的公主，他們倆個最
後有沒有在一起甜蜜恩愛地過一輩子並不是重點，重點
是這位農村青年對自己心儀的目標所採取的方式和態度
——譬如說他是當眾對公主下跪，表白愛意，或是向有
力人士打聽公主及國王的意思（國王是否另有安排），
或是先打退堂鼓，認定這是個沒有結局的單戀。

一、生涯抉擇類型

農村青年的決定方式和態度稱之爲他的抉擇型態，
Harren(1979)將每個人的抉擇型態區分爲以下的三種類
型：

(1)理性型：此種型態合乎邏輯的方式，分析各種利
　　弊得失，按部就班，做出最佳決定。小李準備投
　　入保險業，在轉業的前一年，他和保險從業人員
　　有很多的接觸。爲了訓練自己打破人我之間的藩

籬，以及能在短時間與陌生人建立良好的關係，小李還去報名參加人際關係訓練課程。經過很多的利弊分析與籌劃，最後在家人的支持下，小李於五月正式投入保險業。他相信這是最適合他的選擇。

(2)直覺型：此種型態是以自己此時此刻的感受，或情緒反應，做出直接的決定。這類型的人能為自己的抉擇負責，但常跌破旁人的眼鏡。芸萍長得美麗、聰慧，台大法律系畢業後直接赴美唸英語教學；原因是當初聯考英文未達高標以致沒考上台大外文系，一直是心中一大遺憾，為了補償作用，才出國唸英語教學。畢業後，酷愛旅行的她，憑著衝勁與直覺到加州房地產仲介公司上班。她以迅雷不及掩耳的速度，在生涯抉擇路口走自己的路，為自己的決定負責。

(3)依賴型：走在別人的影子裏，依據他人的期望而做選擇，非常需要別人關愛、認同的眼神。社會讚許、社會評價、社會規範是決定的標準。口頭禪是：「爸媽叫我去……」、「我的男／女朋友希望……」、「他們認為我很適合……」、「他們認為我可以……，可是……」

佩琪一直對自己很有信心，但畢業那一天，她覺得自己好亂。家人的意見通常都是自己做決定的基礎，這

一年來自己補高普考，補得很痛苦。在晤談中，可以發現佩琪自己的聲音、看法不見了，說的都是兄姐的建議。佩琪原本以為，反正我就照他們的意思做，做錯了，他們沒有理由罵我。依賴的佩琪忽略自己好動、外向、積極突破的特質，一味地順從，其實只是不願負責而已。

阿平大四那年，不想畢業後馬上當大頭兵，到國防部數饅頭，便盲目地和同學一起上圖書館、補習，準備參加研究所考試。「反正大學畢業也不知道能做什麼，不如再去研究所蹲二年，二年後年紀大一點，會比較認識自己，再不然有張碩士文憑，別人也會比較看重自己。」阿平就抱著這樣的心態來唸研究所。

阿平的抉擇過程是依賴同學的意見，和目前追求高學歷的潮流。對阿平而言，在沒有經濟的壓力之下，多唸兩年書，將來在社會上立足只賺不賠，何樂不為？

阿平抉擇的潛在風險是：

(1)阿平是否確定自己要唸那一個研究所？如果研究所的學習與本身的志趣差異過大，他該如何？

(2)研究所畢業之後，阿平真的就可以比較瞭解自己嗎？如果答案是否定的，當兵與就業時他該如何做生涯的準備工作？

(3)阿平唸研究所的原因，如果主要是逃避當兵與就業的壓力，那麼長久的逃避模式，對阿平的生涯有什麼影響？

這三種抉擇型態（理性、直覺、依賴）各有利弊。依賴型的最省時省力，雖然不見得是最有效的策略。直覺型的決定是自發性的，在時間急迫下非常有用，缺點是容易受主觀意見影響。計劃型的決定包含探索個人與環境的需求，優點是願意去針對不同選項分析利弊得失，但要考慮時間因素，否則可能會錯失良機。

二、生涯抉擇考慮要素

在生涯發展過程，我們會面臨許多的抉擇，考慮的要素可以包括：

(1)who（人）：「我是誰」、「我具備什麼特質與能力」、「我喜歡的生活方式是什麼」、「我的專長何在」、「我父母對我的期望」。考慮這些以後，再下決定，對自己宜有充分認識。

(2)what（事）：下決定時，要問自己「我有哪些選擇」、「我的問題在哪裏」、「我每個決定的可能影響是什麼」。

(3)when（時）：考慮時間的長短與急迫性，如「我的計劃容許我搜集資料的時間有多長」、「我有多少緩衝期」、「我預計完成的時間」等。

(4)where（地）：空間的因素。在我的生涯目標中，我嚮往什麼樣的工作環境與生活空間？居住的地點與工作場所之間的距離，我希望越近越

好，還是我喜歡住在郊區？這些均與生活方式有關。

(5)why（為什麼）：探討自己的原因、理由，思考「我為何偏好A而排斥B」、「我的生涯困境的原由」等。

(6)how（如何）：「做完決定，如何化技巧、概念、想法為行動」、「如何取捨」、「如何完成目標」、「如何找到工作」，以及「如何安排時間、運用時間」等。

三、結語

過去是一張被註銷的支票，懊悔過去的抉擇是毫無用處的。未來是一張尚未到期的支票，抉擇成果未知。所以，要把握現在可利用的「時間現金」，將它做最好的安排。

活動：生涯路徑圖

　　在每個生涯路口你的抉擇方式與內容都影響下一步怎麼走。從台北到高雄的方式有很多，可以騎自行車環島、騎摩托車一路飛奔、開車上高速公路、開車走省道、搭火車，或者節省時間搭飛機等，方式很多，樂趣與目標不同。

　　生涯途徑路線圖又何嘗不是如此？人生雖有涯，生涯路何止百種、千種。每一步的決定都影響下一步的決定，要不要先看看地圖再決定你下一步要如何走呢？

中學畢業生的生涯路徑圖

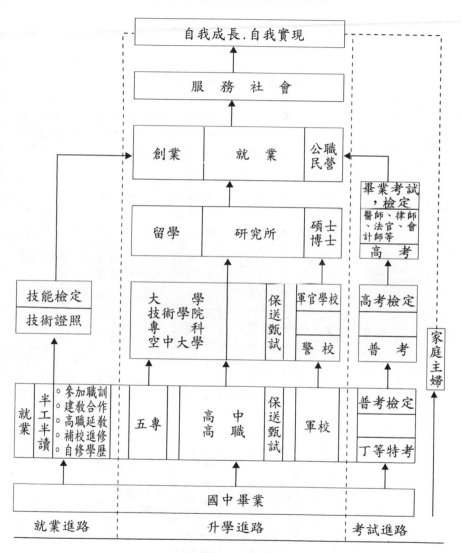

資料來源：改編自張添洲（民８２），生涯發展與規劃

大畢業學生的生涯路徑圖

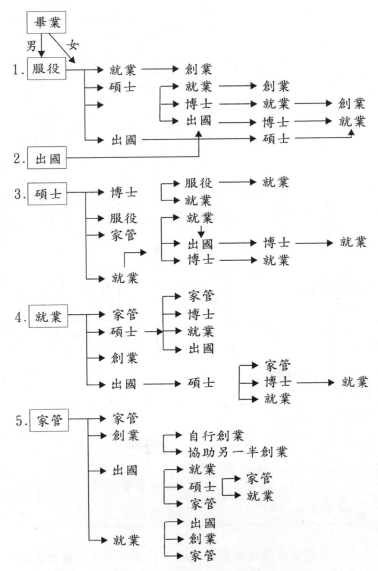

資料來源：改編自張一熙（清華大學畢聯室）

請拿起筆，畫一幅自己的生涯路徑圖：

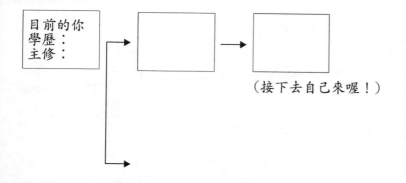

目前的你
學歷：
主修：

（接下去自己來喔！）

如何做生涯決定

空中樓閣 (百喻10)

　　從前有一位富人，有一天，他到另一位富翁家去拜訪，見到了一棟富麗堂皇的三層樓房，心裏非常羨慕，內心就想：「我的錢並不比他少，爲何不造一棟相同的樓房呢？」於是他就請同一位木匠爲他建造相同的樓房。

　　木匠正開始測地基、砌磚頭，逐步動工，這位富人就驚訝地問：「你要幹什麼？我只要你替我蓋第三層就好，我不要下面二層。」木匠詫異地說：「不蓋第一層如何蓋第二層？不蓋第二層，又怎能蓋第三層呢？」但是，這位富人還是很堅持地說：「我現在不用第一、第二層，所以你一定要先替我蓋第三層。」

動動腦

1. 讓我們想像一下，當房子完成之後，富人房子的內部和外部，是什麼樣的情況？
2. 富人蓋棟房子的決定歷程是如何呢？
3. 生涯規劃與決定是否能像富人一樣，選擇第三層而完全忽略房子的第一、二層呢？

生涯智慧

在筆者與學生生涯晤談的時候，也會遇到類似的情況。有些學生常羨慕其他人能夠清楚知道自己的方向，把生活安排得很充實，所以他們也依樣畫葫蘆，參加很多的課外活動，把時間排得滿滿的，最後卻慘遭退學的厄運。

一九六二年加列特(Gelatt)針對個人在做生涯決策時提出預測系統與價值系統的重要性。

生涯決策(Decision-Makig)的大致準則，可用股市來比喻：要看結構面和基本面，再看趨勢走向，不要盲日跟進。瞭解個人與環境，選擇利益多、阻力少的，參考自己的價值觀，繪出自己的決策流程圖，其內容詳見下頁圖表。

生涯決策的特性，可用COIN（錢幣）這個字來加以說明：

C：Choice選擇。生涯是選擇與放棄的歷程，每個抉擇情境都有兩個以上的選擇可能，決策者必須自其中選擇其一。例如，文彬大學聯考的分數四百二十分，有很多學校和科系可以考慮，但是他只能選擇一個。對他而言，這就是生涯抉擇。每個決定所帶來的後果，他都必須承擔。

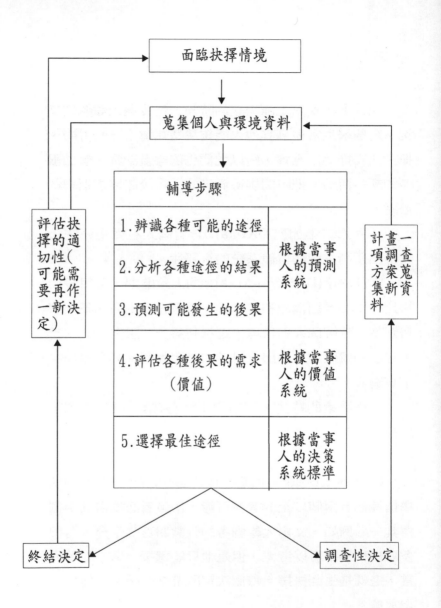

O：Obstacle阻礙。每個決定都有優點及缺點，這些與人格特質及個人成熟度有關。每個人面對阻礙時的心理反應都不相同，例如發現自己選擇的科系、未來出路並不如自己想像中容易，有的人會大失所望，否定所付出的一切；事實上，每條路都會有挑戰，每個人主觀與客觀認知的阻礙都不相同，是否走得過，就看個人的抉擇與努力。

I：Inclination傾向。你的傾向是保守路線，還是冒險路線？保守路線的抉擇變化幅度小，風險低；冒險路線的抉擇有壯士割腕的決心，放手一搏，風險大，變化幅度也大。

N：No right answer沒有正確的答案。生涯的弔詭就在於沒有標準來衡量你的對錯，若一定要找，只好反求諸己，尋出內心的磅秤。生涯抉擇經常都是在不確定的情況下進行，每個不確定性，都引發下一個不確定性。

COIN（錢幣）有兩面，個人就是根據綜合判斷來選擇自己最有收穫的那一面。

如果富人能把自己固執的看法擺一邊，虛心搜集資料，慎加選擇，並且評估房子只蓋第三層而不蓋一、二層的缺點，我想他將不會到最後蓋了一棟四不像的房子。

實例：「美玫的生涯決定模式」

基本資料：美玫是大三企業系學生，父親是軍人，母親
是家管。她高中時對室內設計有興趣，個性保守內向，
別人交代事情會盡力完成，不擅統籌事情及管理的工
作。她嚮往能找到獨當一面且薪水豐厚的工作。目前，
她考慮的職業有三個，但不知如何決定。

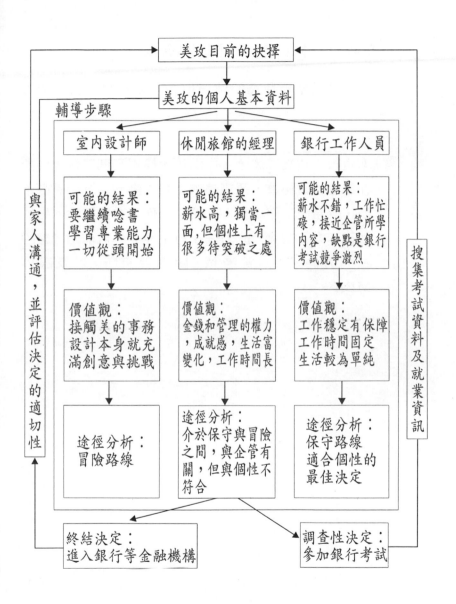

美玫目前的抉擇

美玫的個人基本資料

輔導步驟

室內設計師	休閒旅館的經理	銀行工作人員
可能的結果：要繼續唸書學習專業能力一切從頭開始	可能的結果：薪水高，獨當一面，但個性上有很多待突破之處	可能的結果：薪水不錯，工作忙碌，接近企管所學內容，缺點是銀行考試競爭激烈
價值觀：接觸美的事務設計本身就充滿創意與挑戰	價值觀：金錢和管理的權力，成就感，生活富變化，工作時間長	價值觀：工作穩定有保障工作時間固定生活較為單純
途徑分析：冒險路線	途徑分析：介於保守與冒險之間，與企管有關，但與個性不符合	途徑分析：保守路線適合個性的最佳決定

與家人溝通，並評估決定的適切性

搜集考試資料及就業資訊

終結決定：進入銀行等金融機構

調查性決定：參加銀行考試

活動：曉文的抉擇平衡單

　　生涯決定與抉擇的技巧很多，在此提供另一個方法。

基本資料：曉文畢業後工作兩年，換過三個工作，目前在旅行社當秘書，還想尋求更好的發展。她心裏很矛盾，既希望工作穩定，又希望工作能有挑戰性。她的個性外向、活潑、能力強、自主性高，目前她考慮的三大方向是：高普考試、國內管研所，以及國外MBA。

考慮 方向	高普考試	國內管研所	國外 MBA
優 點	*滿意的工作收入 *鐵飯碗 *不用K書、考試 　寫報告 *一勞永逸	*和國內產業不會 　脫節 *師長、朋友的人 　脈關係建立 *較高文憑 *日後工作升遷較 　容易 *費用大約五萬至 　二十萬之間	*圓一個國外留學 　的夢 *增廣見聞、豐富 　人生 *旅遊 *英文能力 *訓練獨立 *日後工作升遷較 　為容易 *激發潛力
缺 點	*鐵飯碗會生鏽， 　容易產生厭倦 *不易升遷 *不容易轉業，而 　且無法想像自己 　會做一輩子的公 　務員 *不符合自己個性	*課業壓力大 *沒有收入	*課業壓力大 *語言、文化較不 　適應 *花費較大(可能要 　上百萬元 *挑戰性高 *沒有收入
其 他	*爸媽支持	*男朋友的期望 　(男友還要一年 　才退伍)	*工作兩年有積蓄 　，但不是很足夠 *自己一直想到國 　外外走走

　　下面是曉文的抉擇比較表，以及抉擇平衡單，看完
之後，你可以自己填寫一下自己的抉擇比較表及抉擇平
衡單。

曉文的生涯抉擇平衡單（原始分數）

考 慮 項 目 （加權範圍1-5倍）	第一方案 （高普考試）		第二方案 （國內深造）		第三方案 （出國留學）	
	得 (+)	失 (-)	得 (+)	失 (-)	得 (+)	失 (-)
1.適合自己的能力		-4	5		6	
2.適合自己的興趣		-3	4		8	
3.符合自己的價值觀	5		3		7	
4.滿足自己的自尊心		-2	3		7	
5.較高的社會地位		-5	3		6	
6.帶給家人聲望	2		1		2	
7.符合自己理想的生活型態	3		5			-3
8.優厚的經濟報酬	7			-1		-8
9.足夠的社會資源	2		8			-1
10.適合個人目前處境	5		2		1	
11.擇偶以建立家庭	7		5			-5
12.未來具有發展性		-5	5		8	
合　　　計	31	-19	44	-1	45	-17
得 失 差 數	12		43		28	

注意事項：
1.每個項目的得失，可根據優點（得分）、缺點（失分）來回答，計分範圍由1-10分。
2.最後，合計每個方案的優點總分（正）和缺點總分（負）。正負相加，算出客觀的得失差數。
3.根據自己的想法做答，方可正確評估每個方案對你的重要性。

曉文加權後的生涯平衡單

曉文考慮項目	第一方案 （高普考試）		第二方案 （國內深造）		第三方案 （出國留學）	
	得 （+）	失 （-）	得 （+）	失 （-）	得 （+）	失 （-）
1.適合自己的能力（×5）		-20	25		30	
2.適合自己的興趣（×2）		-6	8		16	
3.符合自己的價值觀（×4）	20		12		28	
4.滿足自己的自尊心（×2）		-4	6		14	
5.較高的社會地位（×3）		-15	9		18	
6.帶給家人聲望（×2）	4		2		4	
7.符合自己理想的生活型態（×5）	15		25			-15
8.優厚的經濟報酬（×3）	21			-3		-24
9.足夠的社會資源（×2）	4		16			-2
10.適合個人目前處境（×5）	25		10		5	
11.擇偶以建立家庭（×4）	28		20			-20
12.未來具有發展性（×3）		-15	15		24	
合　　計	117	-60	148	-3	139	-61
得　失　差　數	57		145		78	

注意事項：
1. 每個項目的重要性因人、因時、因地不同。對於此刻的你，根據考慮項目的重要性與迫切性，給它們乘上整數。
2. 將剛剛平衡單上的原始分數（　）乘上的整數，例如：適合自己的能力部分，三個方案的原始分數（分別是-4,+5,+6）乘上加權五倍之後，分數差距變大（變成-20,+25,+35）。最後把得失差數算出來。

你自己的生涯抉擇平衡單（原始分數）

考 慮 項 目	第一方案 ( )		第二方案 ( )		第三方案 ( )	
	得 (+)	失 (−)	得 (+)	失 (−)	得 (+)	失 (−)
1.						
2.						
3.						
4.						
5.						
6.						
7.						
8.						
9.						
10.						
11.						
12.						
13. ⋮						
合　　　計						
得 失 差 數						

*考慮項目內容可包括（可任選）：

<自我部份>　　　　　　　　<自己與環境>　　<外在部份>

1.自己的能力　　　　　　1.家人支持　　　1.工作環境

2.自己的興趣　　　　　　2.社會地位　　　2.工作發展前景

3.自己的價值觀　　　　　3.經濟收入　　　3.工作內容有變化

4.自己心理需求（自尊、自我實現）4.足夠的社會資源

5.聲望、社會地位　　　　5.適合目前處境

6.生涯型態（休閒生活）　6.擇偶以建立家庭

7.自己的健康　　　　　　7.與家人相處時間

*每一項目的分數是1-10分之間

加權後的生涯平衡單

考慮項目 (加權範圍1-5倍)	第一方案 ( )		第二方案 ( )		第三方案 ( )	
	得 (+)	失 (−)	得 (+)	失 (−)	得 (+)	失 (−)
1.						
2.						
3.						
4.						
5.						
6.						
7.						
8.						
9.						
10.						
11.						
12.						
13. ⋮						
合　　計						
得 失 差 數						

資料來源：改編自青輔會（民81），大學生涯輔導手冊,p.10.

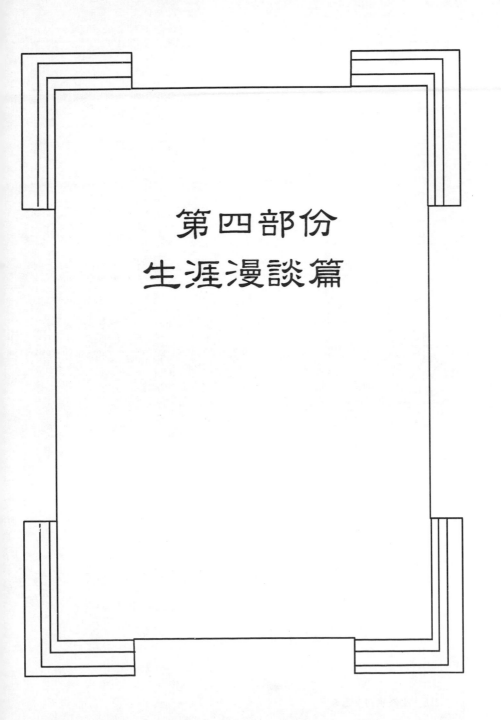

第四部份
生涯漫談篇

人我之間

想出風頭的駱駝（伊索寓言）

有一天，動物在森林裏聚會，突然間一隻猴子跑出來跳舞，動物看到牠的舞姿都讚不絕口。

你一句，我一句，大家熱情地讚美猴子。

一隻坐在角落裏的駱駝，看到這樣的情況，心裏非常羨慕。駱駝心想：「我也想個辦法，讓大家稱讚我一番。」

於是，駱駝就站起來大聲說：「各位，請安靜一下，我要跳一支駱駝舞給大家看。」動物聽了都很興奮，張大眼睛看著。

駱駝鞠躬之後，開始搖擺身體，牠滑稽、醜陋的舞姿，不僅沒有獲得動物的讚美，反而引來大家哄堂大笑。

駱駝覺得很難為情，就偷偷地溜出森林躲起來了。

動動腦

1. 駱駝模仿猴子為何引來哄堂大笑？
2. 駱駝與猴子兩者體型上的優點與缺點分別是什麼？
3. 模仿別人一定是不好的嗎？
4. 忙著模仿別人的人對自己有信心嗎？

生涯智慧

一、模仿

　　寓言中的駱駝因為愚蠢模仿的結果，很難為情地躲進森林裏。其實，並不是所有模仿都會落得如此不堪的下場。模仿可以分兩種，一種是愚昧無知、不用大腦、東施效顰式的模仿。模仿者眼中所見、心中所想的是：「如果我是那個人就好了！」這類型的模仿者，談不上自我肯定。他的心理是自怨、自憐、自責，甚至會因為嫉妒而自我毀滅或毀滅他人。反正在魔鏡面前，如果有人比我美，那我就派人去把那美人殺掉，我就成為世上最美的人啦！東施效顰的模仿很辛苦，不是把自己貶得很低，日日夜夜想當別人，就是見不得別人比自己好，千方百計想把別人除掉。

　　另一種類型的模仿是智慧型的模仿。聰明的人不會和自己過不去，他不會讓自己任人嘲笑，也不會讓自己目中無人。能夠智慧型模仿他人的人，首先要有自知之明，知道自己是什麼料子。料子最好的絲緞也不能拿來當雨衣，再高級、透氣的雨衣，也不可能有絲緞的光澤和柔軟。同樣的，再高明的師傅遇到不同料子的布，也無法做出兩套一模一樣的衣服。智慧型的模仿是建立在發揮自己的特性、肯定自我的基礎上。駱駝可以告訴自

己：「猴子的身手敏捷，四肢靈活，臉上表情豐富，所以牠可以跳舞。但是，我和猴子是不同的。我的特性是耐熱、耐乾、耐旱，我能夠背負很重的物品，走很遠的路。我的四肢很強壯但不靈活，我的身體貯存很多養分和水分，所以不敏捷。不是猴子不好，也不是我很遜，而是我們不同。」相信駱駝經過一番的調適和自我接納之後，牠就能勇敢、自信地回到森林。

二、心理地位

自我對外界有四種不同的心理反應，而形成四種心理狀態：

A.我好，你不好：見不得別人比自己好。在觀念上，認為自己是對的，別人永遠是錯的；在行為上，認為自己做的絕對比別人做的要好。認為自己才是有力量的，別人是扶不起的阿斗，懦弱、無能。在自己的世界裏，只有自己，沒有別人。

B.你好，我不好：認為別人都比我強，別人臉上的青春痘都比我臉上的少。對自己沒有自信，容易有挫敗感，遇到事情會退縮、逃避。

C.我不好，你不好：對自己、對別人都強烈感到懷疑；對整個社會充滿不信任，對生活也失去信心。有些青少年的自殺，就是對社會的混亂感到灰心、對未來自己的生命感到絕望所導致的後果。

D.我好，你也好：接納人我的不同，及各自具備的

獨特性。能夠與別人共存共榮、協調、付出；遇到挫折較能想辦法克服。

　　智慧型的模仿不是消極地反對模仿，而是積極地慎選模仿的對象，並且把自己的心理調到「我好，你也好」的狀態。欣賞別人，接納自己。若有不是之處，向別人虛心求教、模仿別人可取之處，讓自己的潛能有最大的發揮。

想一想

　　心理地位，影響我們對人、事的看法。如果你發現你的反應屬於A較多，顯示你常覺得「我不好」；如果你的反應B較多，顯示你對自己的看法誤認爲較正確、積極。

在遇到下列事情時，通常你的反應是屬於A或是屬於B？		
	反 應 A	反 應 B
1.失敗時	老是哀聲嘆氣	找出自己的弱點，努力克服
2.發現自己的短處失去信心時	悶悶不樂	鼓勵自己循著長處去努力
3.碰到難題時	為難題所苦	勇於接受挑戰
4.身處逆境時	覺得自己真倒霉	相信逆境是鍛鍊自己的機會
5.對自己的能力產生懷疑時	覺得自己真的是一無是處	雖然稍感挫折但全繼續努力
6.接到苦差事時	自怨自艾	相信克服困難可以使自己成長
7.受到苛責時	怨恨對方	反省自己的缺點
8.被人侮辱	覺得被觸到痛處	證明自己的能力給對方看
9.生病時	怨嘆自己體弱多病	找出原因，恢復健康
10.覺得慚愧時	埋怨自己	努力克服缺點

資料來源：羅文基（民 81），生涯規劃與發展.p.109.

人際風格

蝙蝠與黃鼠狼（伊索寓言）

一隻蝙蝠掉在地上，被一隻黃鼠狼抓住。蝙蝠極力懇求黃鼠狼饒命。黃鼠狼拒絕了蝙蝠的懇求，表示牠最討厭的就是鳥類。蝙蝠信誓旦旦向黃鼠狼保證牠不是鳥，而是老鼠，於是牠保住了一條命。不久，蝙蝠又掉落到地上，被另一隻黃鼠狼抓住，蝙蝠同樣地懇求饒命。這隻黃鼠狼說，牠與老鼠是仇敵。蝙蝠向牠證明，自己並非老鼠，而是鳥，於是蝙蝠第二度逃離險境。

動動腦

1. 蝙蝠如何運用自己的表達能力與靈活手腕，使自己兩次死裏逃生呢？
2. 在生涯規劃上，人際關係與技巧對你而言重要嗎？
3. 如何了解別人的人際風格與偏好，而有效因應呢？

生涯智慧

蝙蝠藉著靈活的反應力，讓彼此有認同感，而救了自己的命。芝加哥大學曾耗資兩萬五千美元，以兩年的時間進行調查，發現人們最關心的是健康，其次則是

——如何瞭解人、如何與人相處、如何使人喜歡自己等。後來，「卡內基技術學院」進一步研究，也證實了這個結果。以工程界來說，調查結果顯示有百分之十五的人認為，成功是因為技術方面的知識；約有百分之八十五的人則認為，成功是歸因於個性與領導別人的能力。

　　在與別人交往的情況下，蝠蝠靈活的反應力與處事的彈性，對於人際關係是大有啓示的。

　　小時候，我們看到長輩們吵得面紅耳赤、各執一詞而數落對方時，就有人會說：「他們八字不合。」長大以後，我們發現有些人就是和我們特別投緣，怎麼看就怎麼順眼；另有些人則剛好相反，很容易產生糾紛、誤會、怨懟、排斥。我們就試著用算命、血型、星座等方法，希望能找到人際的線索。方法有很多，西方心理學家布萊頓(Bolton)提出人際風格的理論，讓我們以另一種角度來了解人，認識每個人不同的人際風格，並積極地與他們共處。首先從兩個指標來判斷一個人的風格：果斷力與反應力。

　　果斷力：乃指別人眼中，一個人外在行為所表現出來的強硬與明確程度。例如說話速度的快慢、手勢的多寡、主導性強或順從性高。

　　反應力：乃指別人眼中，控制情緒的程度。例如臉部表情是僵硬的或生動、輕鬆的。

　　從這兩個指標，構成四種不同的人際風格：

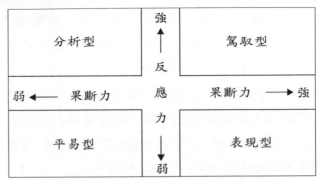

分析型　　強↑反應力　　駕馭型

弱← 果斷力　　果斷力 →強

平易型　　弱↓　　表現型

資料來源：李屏慧譯(民75年)

　　這四種類型人的特色及與他相處的要訣，描述如下：

　　駕馭型：這類型的人是工作取向、任務第一，重視工作效率、果斷、客觀、看重成果的展現；缺點是不易與別人合作、剛愎自用、自負。若遇到這類型的主管，切記做事不要拖泥帶水，開會報告要講重點；工作導向，不要輕鬆隨便，處事風格宜簡潔明快。

　　分析型：這類型的人喜歡以嚴肅、謹慎、按部就班的方式做事，組織力強，擅推理；缺點是缺乏變通，面對新觀念需較多時間調適，容易雞蛋裏挑骨頭。與這類主管相處的要點是提供正確的訊息，例如提供客觀的數據或過去成功的案例，如此可建立他的信任感，加強彼此間的溝通。

　　表現型：經常以創新、冒險的方式處理事情，不按

牌理出牌，點子多，活潑幽默，熱忱而有活力；缺點是衝動、蠻橫、不切實際。這類型的主管不喜歡拘泥於小節，看重的是美好的遠景與未來，喜歡你提很多創新的想法；如果你很拘謹地報告工作進度，他一定沒有耐性聽完。

平易型：能為別人設身處地著想，敏銳、信任別人，容易與他人合作；缺點是無原則、順從、縱容及遷就他人。與這類型的主管說話可以先閒話家常，太過嚴肅的主題反而會讓他不自在；以輕鬆、和緩的態度建立和諧、良好的關係，將有助於工作中的適應。

當現代的上班族真不容易，不僅事情要辦好，做人方面也馬虎不得。如果對分析型的主管提供高瞻遠矚的目標，一定被批評、挑剔得體無完膚，最後落個思想空洞、言行浮誇的評語。相反的，對表現型的主管畢恭畢敬地報告公司過去的歷史，最後的評語可能是：守成有餘，創意不足，難擔大任。與駕馭型的主管相處，噓寒問暖的時間要精簡。與平易型的主管相處，有事慢慢說，關心彼此是最重要的。能以彈性、靈活的方式與他人應對，更能達到溝通的目的。

現在，你可以閉起眼睛想一想，周遭的人，室友、上司、父母、同學……他們是屬於何種類型的人呢？同時，你自己是什麼類型呢？你與什麼類型的人相處、共事起來特別愉快呢？什麼類型的人與你犯沖呢？

實例

俊明是中文系三年級的學生，當初是以第一志願進入中文系就讀，頗受師長的重視。俊明的個性積極、果斷，或許在家中排行老大的緣故，他從小做事就非常獨立，很多事情都是自己打理的，包括選擇中文系也是自己的決定。在大二時同學推選他為班代，他認為這是磨練自己的機會，而且他也有心為班上同學舉辦活動，以增加大家的向心力。在俊明力邀之下，幾位要好的同學也分別擔任重要幹部。

一連串的活動舉辦下來，俊明時常與其他幹部產生衝突、摩擦。活動幹部們覺得俊明過於強勢，事事介入，不信任別人的能力；有時候講話非常蠻橫，不給別人面子。幾次衝突之後，幹部們集體辭職，讓俊明一個人去撐，反正他覺得自己最行。其實俊明也滿腹委屈，大一死黨一個個和自己都快反目成仇，也是蠻傷心的。俊明承認自己的個性比較求好心切，看到別人做不好時常不假辭色加以批評；尤其是答應在限期完成的工作屆時沒有看到成果，他更是心急如焚，不知不覺從其他負責人手中接下許多的爛攤子，心裏就更煩了。

大二下他參加人際風格的訓練課程後，他瞭解到自己駕馭型的優點及缺點，有些部份是長久以來的習慣而自己不自覺的，例如說話責備的口吻。生平第一次，他

覺察到自己專斷式的處事風格所帶給別人的壓力和負面
評價。

今年大三了，俊明勇敢地接下校內刊物總編輯這個
職務。他相信有大二的慘痛經驗之後，他願意以更寬容、
有彈性的方式與人溝通，畢竟成功的生涯奠基於良好的
溝通與領導能力。

俊明有感而發地說：「溝通就像跳舞。我必須能夠
配合對方的舞步、速度，來調整我的步伐。大學正是我
練習基本舞步的時候，我怎麼可以不把握呢？」

人際風格問卷

請依據下面的「行為反應力指標」及「行為果斷力
指標」，分析你的反應力和果斷力是屬於較強或較弱
者。然後再找三五位熟識的朋友，請他們也依據這兩個
指標，選出符合你的特點。最後將你自己和朋友圈選出
來的資料，在紀錄表的方格中勾出來，即可決定你到底
較符合那種風格。

行為果斷力指標

果斷力較弱   果斷力較強

行為果斷力較弱的人傾向於:	行為果斷力較強的人傾向於:
□動作較慢而小心翼翼。	□行動迅速。
□說話較慢、聲音較柔。	□說話較快、話多、嗓門大。
□比較畏縮,即使是在提出要求或表達意見時也是如此。	□習慣正襟危坐或向前傾,尤其是在提出要求或發表意見時更是如此。
□在表示意見、提出要求和下命令時,多為試探語氣,氣勢較弱。	□在表示意見、提出要求和下命令時,比較喜歡使用強調語氣。
□比較不敢與人正面接觸。	□比較敢與人正面接觸。
□與人交往由別人採取主動。	□喜歡主動與人交往。
□習慣於請教別人。	□喜歡告訴別人事情。
□優柔寡斷。	□當機立斷。
□比較不願意承擔風險。	□比較願意冒險。
□比較不會催促別人作決定。	□要別人作決定時較愛施壓。
□比較不會頻頻注視別人。	□比較喜歡頻頻注視別人。

行為反應力指標

反應力較弱   反應力較強

行為反應力較弱的人傾向於：	行為反應力較強的人傾向於：
☐ 少用手勢。	☐ 喜歡用手勢。
☐ 行為拘謹。	☐ 舉止灑脫。
☐ 臉上表情較少。	☐ 臉上表情豐較富。
☐ 比較嚴肅。	☐ 愛玩。
☐ 保守。	☐ 隨和、親切。
☐ 穿著較正式。	☐ 穿著較隨便。
☐ 較能控制感情的流露。	☐ 表達情感時較自在，沒有自我防衛性。
☐ 較注重事實。	☐ 較注重情感。
☐ 比較重視任務的達成，而不講人情。	☐ 比較重視人情世故，而不是任務至上。
☐ 對閒聊、開玩笑和軼聞趣事不感興趣。	☐ 對閒聊、開玩笑和軼聞趣事較感興趣。
☐ 作決定時較能根據事實，而不是感情用事。	☐ 容易受情感左右。
☐ 懂得時間管理。	☐ 不懂得支配時間。
☐ 做事一板一眼，不喜歡套私人交情。	☐ 喜歡用套交情的方式管理別人。

人際風格記錄表

分析型的人 果斷力較弱 反應力較弱	駕馭型的人 果斷力較強 反應力較弱
平易型的人 果斷力較弱 反應力較強	表現型的人 果斷力較強 反應力較強

資料來源:羅文基（民81），生涯規劃與發展.

想一想

你應如何去適應不同風格的人，請試著寫出你的想法。

(1)適應分析型的人：

_____

(2)適應平易型的人：

_____

(3)適應駕馭型的人：

_____

(4)適應平易型的人：

_____

(5)你想改善與 _____ 的關係，你打算採用 _____ 的方法。

(6)你的人際風格受到 _____ 的影響最大，那是因為 _____ 。

菜鳥上路

模仿眨眼 （百喻26）

　　從前有一個人，想要贏得國王的歡心，就請教別人說：「有什麼方法能夠使國王高興呢？」

　　有人便告訴他說：「你如果要討好國王，你就模仿他的一舉一動。」

　　這人一想很有道理，便來到王宮，偷偷模仿國王的言行舉止。有一次，他看見國王的眼皮眨個不停，他也就跟著不停地眨動。國王看到他如此怪的動作，國王便笑著說：「你有病嗎？不然眼睛怎麼不停地眨動？」

　　這人便高興地解釋道：「沒有啊！我是看您眼睛這樣子眨動，也跟著您眨動啊！」他又邊眨眼睛邊補充說：「大王您就是這樣啊！想必您一定喜歡我如此模仿您吧？」國王聽了非常生氣，立刻下令處罰這個人，並將他趕出城去。

動動腦

1. 他到底做錯什麼，以致惹國王生氣？
2. 社會新鮮人要如何表現自己，才能有稱職的表現？
3. 在工作面試中，如何給予別人良好的印象？

生涯智慧

　　本故事在凸顯社會新鮮人在進入職場中為博取別人的好感，因技巧及方法的使用不當而弄巧成拙。鳳凰花開，社會新鮮人就要踏上工作舞台，新上場的演員難免會緊張地猛吃螺絲，走錯台步。其實，演什麼像什麼，最重要的是「入戲」。俗語說「能表現，有貢獻，適時出現」，這是新人建立別人良好印象的方法。職場中大家同台演出，有「三不角色」，新人不可不小心。

　　工作舞台上，新人的三不角色：

(1)不要當懦夫：所謂懦夫就是做事猶豫不決、軟弱、平庸、沒有主見、沒有擔當，喜歡附和最有說服力的人。在職場上，要能適度地表達自己，陳述個人的看法，爭取表現的機會。若事情有所疏失，能不為自己的失敗找藉口，或將過錯歸諸於他人，以求潔身自好；因為這樣是不負責任、沒有擔當的表現。唯唯諾諾的人，很難獲得尊重。

(2)不要當章魚：顧名思義，章魚的特性是一把抓，沒有篩選，全部都要。這樣的人控制慾很強，工作不放心交代給別人，常擔心別人會把工作搞砸了，總覺得我自己來做會更好。他的觀念是：與其忙著糾正別人的錯誤，倒不如我自己做會更

快。結果是，他常常超時工作，心理壓力大，而別人卻不諒解。忙、累、煩、怨等負面情緒累積起來，對自己、對組織都是不健康的。

(3)不要當暴君：性情剛烈的人，容易為一點小事而動肝火、起糾紛，對周遭的人常以責備的語氣說話。面對衝突的場面，要知道如何控制自己的情緒，以及以成熟、理性的態度解決問題。氣勢上想贏對方，面對意見不同時，想以強勢的態度說服對方，容易造成對方反感，而導致火藥味十足。

三不政策是消極的。工作舞台上的口訣是：成就彼此的角色，你我雙贏。員工瞭解老闆的理念和期許，比方說，老闆打算走向國際化的公司，員工就要重視語文的說寫能力，如此老闆也就會注重員工的出勤狀況與對客戶的禮貌等。

新人進入公司，不當懦夫，工作適時表現，對所交付任務認真處理；而不是當章魚。如果因為搶盡所有資源、工作與注意，而破壞同部門同事間的情誼，對新人而言是一大致命傷。新人宜虛心求教，不當暴君，工作最好按照前人的運作方式，以免眼高手低或自以為是，以至於與他人產生鴻溝而難以溝通。

職場上，做人有時比做事還重要。在一九九二年《管理雜誌》針對企業需求人才所重視條件中，對作業員與一般職員在能力與人際關係特質兩類條件的要求一樣

高。在管理階層部份，非常重視人群關係與溝通能力。

　　因此，社會新鮮人無論是想在大池子中當小魚，或在小池子中當大魚，都不要破壞池子裏的人際關係；若把關係弄僵，最後不得不跳糟。松誼企管顧問公司總經理戴英杰先生針對想要離職的人，曾說過一句話，值得每位社會新鮮人銘記於心：

　　Don't Close One Door to Open Another. (不要為了開另一扇門，而將原來的門關閉)

實例

　　婉君今年專科畢業，她好緊張，每天翻開報紙，公司求才密密麻麻，可是都不是自己要的。很多公司都喜歡用有經驗的人，像剛畢業的菜鳥誰會要呢？上星期她到台大附近的出版社應徵編輯的工作，談完之後，音訊全無。婉君回到學校輔導中心求助。

　　婉君到目前為止有三次面試經驗。在與輔導老師進行面試技巧的角色扮演之後，發現以下的問題：

(1)婉君的眼神常不自覺地游移、往下看，看桌面、看名片或看地板。婉君不習慣看著對方說話。

(2)肩膀僵硬，玩手指頭，整個人顯得不自然、不自在。甜美的笑容也因為過於緊張而嘴角下牽。

(3)婉君在自我表達方面，過早透露未來考試的計劃。主管問她：「是否能接受不定期的加班呢？」婉君回答：「打算要準備高普考試，希望能準時下班，因為還要趕去補習。」

(4)婉君期望的待遇，以她目前的編輯經驗而言偏高。最後面試完，她甚至對主管說：「我考慮清楚再給你們答覆。」對方公司都還沒承諾要聘用婉君，婉君要給對方什麼答覆呢？

整體而言，婉君這位社會新鮮人在工作舞台的面試技巧上不夠純熟。

首先，肢體語言要放輕鬆些，給對方舒服自在的感受；眼神真誠自然地看著對方兩眼與嘴巴之間的三角地帶，並且面帶笑容，如此才能給人良好的印象。

其次，面談只講正面性的事情，至於未成熟的深造、考試計劃曝光，對面試乃是大忌。因為這些計劃可能因為考運不佳、經濟情況不許可、家人生病等外在因素而有變動。

然後，表達內容要簡明清晰，應集中在工作所需的資歷與能力，或舉例支持你的看法。

最後，「新手上路，請多包涵」。既是新手，薪資方面不宜太計較，工作的配合度要高，因為公司聘用你之後也要費神費力訓練你，一段時間之後你才能獨立作業，安穩上路。面談最後，可委婉請問對方何時有回音，千萬不可姿態擺得過高。

面試十大陷阱

每一位前往面試的應徵者，都應該謹記面談時的諸多禁忌。在這個求職戰場上，安全避過地雷，才可能圓滿達成使命，讓面談成為一次愉快的經驗。

(1)絕對不可以遲到。要事先預估一下到應徵公司可能花費多少時間。若能比預定時間早到更好，可

在附近走走，瞭解這家公司周圍環境，並乘機抒解一下自己緊張的心情。

(2)不要帶親友一同去面試。若是單獨赴會，較能表現自己有獨當一面的能力。當然，有必要讓親友知道自己的行踪時，也可請友人先在別處等候，以因應黑手之陷阱而及時脫困。

(3)態度輕蔑是絕對不被接受的，所以在面談時，千萬不要嚼口香糖、蹺起二郎腿，或是亂開玩笑。

(4)不可賊頭賊腦地到處走動，窺視別人上班工作情形。

(5)在談論政治、經濟、社會、書籍等問題時，越深入越容易引發爭端。所以別忘了此行的目的不是來參加辯論賽，要容納各種不同的聲音，虛心發表意見。

(6)不要用艱澀難懂的字眼、方言或行話和主考官對話。

(7)如果親友中有顯赫之人，也不必攀龍附鳳，提出來炫耀一番，否則恐怕會適得其反。

(8)不要迫不及待地詢問薪資待遇，除非對方主動請你表示意見。

(9)充滿自信的人最具有魅力；不過千萬不要太自滿，不要口沫橫飛、趾高氣昂。

(10)雖然你對以前的公司或工作頗有怨言，也不要在這個時候大發牢騷。

面試Q&A

Q：為什麼應徵本公司？

A：要事先瞭解這家公司的特性、產品、營業項目、成
立時間等。可透過書報雜誌、親朋好友進行瞭解，
或事先打電話詢問總機，大致上他們都樂意回答。

Q：為何選擇這份工作？

A：可以將自己的特性、特長在此表達。證明自己的經
驗、能力或在學校所修的科目，皆與此份工作有密
切的關連。

Q：你對這份工作有多少瞭解？

A：宜事先搜集資料。若是此訊息來自報紙的分類廣
告，則可根據廣告中所描述的內容來發揮。

Q：你認為自己有那些優點？

A：優點一定要說，但不要過於誇張，顯得吹牛。最好
能舉出事實或例子，以增加說服力。

Q：你認為自己的缺點是什麼？

A：誰會沒有缺點？但是在面試時提到自己的缺點，要
能避重就輕或轉個彎說：「我的自我要求頗高，所
以有時候，會顯得急躁……」這時候，正是展視自
信與自我肯定的時候。

Q：你的生涯規劃怎麼樣？

A：對方一定希望能找到一位生涯規劃能與目前工作性
質符合的人，所以不妨概括提出幾個與工作相關，

自己又有興趣的發展方向。至於考試、留學等個人的計劃，不宜在面試中提及，以免別人有排斥的心理。

Q：你的期望待遇是多少？

A：公司對於社會新鮮人，根據不同的學區，大都有起薪的標準，不妨依公司規定。工作幾年以後，才可根據薪資行情、能力表現，和公司談薪水。應徵者只能說：「我期望待遇是×××元，不知道貴公司是否能接受？」或「我希望薪水能在×××元和×××元之間。」

Q：你還有其他的問題嗎？

A：問問題表示你對這份工作的重視，可根據先前面試所談內容提出問題或事先準備一、兩個題目。例如可請教公司的組織架構、工作內容與職責、公司福利等問題。

工作中的嫉妒

窮人棄財 (百喻91)

從前有一個窮人，他只有一點點財物。有一天，他遇見一位有錢人，他認為眾生平等，自己的財富應該和那位富人一樣多。可是這位窮人的財物實在少得可憐，根本沒辦法和富人相比。他越想越生氣，認為既然比不上別人，留這一點點又有何用，一氣之下，就把他所有財物丟入水中。

斑馬的處境 (新編寓言)

一隻猴子從城裏回來，野牛問他有何觀感。猴子說：「城裏人喜歡斑馬，每條路都畫了斑馬線。」

野牛聽了感到新奇，轉身告訴路過的狐狸：「聽說城裏讚揚斑馬花紋美麗，馬路上都畫了斑馬的圖形。」狐狸聽了，眼露妒光，立即前去報告老狼：「聽說城裏到處畫著斑馬，哼！斑馬很快就要遭殃了！」老狼聽了喜而不露，迫不及待地當眾宣布：「怪模怪樣的斑馬終於完蛋啦，城裏的人用他的皮鋪了道路！」老狼的話剛剛說完，斑馬成群來到面前，大家頓時目瞪口呆，野牛和猴子相對無言，頓時之間也對老狼的宣布感到驚訝與不齒。

動動腦

1. 窮人看到富人的財富，窮人心裏的反應是什麼？
2. 爲何會由「城裏的人喜歡斑馬」而變成「斑馬完蛋了」？
3. 斑馬面對這些議論紛紛評論要如何自處呢？
4. 羨慕與嫉妒在人與人之間是如何產生的？

生涯智慧

　　前面的寓言取材來自《百喻經》，後面的寓言是筆者的學生（東吳英文系二年級）所編的，兩則故事都在談嫉妒。窮人因爲嫉妒富人的錢財，一氣之下把自己所有財物都丟入水中，狐狸因爲嫉妒斑馬美麗的花紋，就造謠、醜化斑馬。

　　嫉妒的原因，是由競爭而產生對人的一種憎恨，也就是對於自己將被奪走的事物產生的恨意。例如：媽媽生下弟弟之後，就專心照顧弟弟，哥哥覺得弟弟奪走媽媽，因此產生嫉妒心理。嚴重的嫉妒，潛藏著剛強的性格，這種性格往往喜歡競爭，喜歡搏鬥，傷害力極強。

　　以凱文科斯納主演的電影「終極保鑣」(Bodyguard)為例，姊姊嫉妒妹妹在歌唱界擁有的名利，在內心無法平衡之下，她說：「你擁有一切，我一無所有。」(You have everything, I have nothing.)姊姊整個人在妒海中的漩渦裏掙扎，只要任何妹妹擁有的東西，她都想辦法要得到，包括保鑣對妹妹的愛情。

這是一場只有毀滅與傷害的遊戲，姊姊花錢雇用職業殺手設法除掉嫉妒的目標——妹妹。在漩渦裏越陷越深，最後姊姊完全失控，而自己也在槍戰中喪生了。

與嫉妒相對的是羨慕，把自己與別人比較，別人比自己高，比自己美，比自己有出息，便產生羨慕心理。羨慕的心理混雜著讚美，沒有傷害的行為，但有強烈的「自歎弗如」之感。

羨慕與嫉妒兩者之間的差異是（余阿勳、劉焜輝，民68）：

(1)羨慕，往往是自己無法達到的對象，故容易混雜著讚美。

(2)嫉妒，是帶著某種事物將被別人奪去的不安全感，羨慕就沒有這種觀念。

(3)羨慕存在兩個人之間，三個人之間會有嫉妒存在。

(4)羨慕會產生批評，卻沒有加害他人的觀念；相反的，嫉妒卻往往把人往壞的方向去解釋，甚至於採取攻擊的行動。

嫉妒與羨慕，只要有人的地方，都有可能發生。在職場上，一旦面對別人對你的嫉妒和造謠，您要如何處理呢？

　　首先，不要生氣、動怒。要瞭解認清無論在家庭、學校或公司，只要是人群聚集的地方，一定有好管閒事、說閒話的人。尤其是人云亦云，事情被說到精采之處，眉飛色舞，添油加醋，事實真象早已被扭曲了。針對這些造謠與流言，宜冷靜處之。

　　其次，百分之九十的蜚言來自同事間非正式的聚會，例如餐會、旅遊、唱卡拉OK、麻將等……蜚言出自嫉妒，也可能出自誤解。所以當你自己被流言所傷時，不要急著在公開場合辯解，反而應該積極打入同事間非正式的團體，和他們建立良好的關係，自然會讓這些流言煙消雲散。

　　沒有人會預期自己成為別人嫉妒的目標，基本上，我們都相信只要努力，一定有好結果。但是，相信歸相信，事實不見得如此。認真做事，卻惹來一身騷，招致不合理的批評、挑剔、找碴，心裏一定非常難受。求神卜卦，只為了替自己最近的霉運尋找合理的原因；向別人抱怨，容易讓別人看笑話，或是讓別人抓到你的把柄，無形中掉進陷阱。

　　因此，在工作舞台上，給自己機會，也要給別人機會。不要自己搶盡所有風采，要習慣於稱讚別人的創意和表現，將你的掌聲與別人分享，將使別人對你的嫉妒

與恨意降到最低。

　　最後，不要讓別人的嫉妒亂了你的方寸。斑馬如果因為老狼和狐狸的一番話，而痛恨身上的花紋，牠就太傻了。不遭人忌是庸才，而謠言止於智者，只要自己問心無愧，何恤人言？

時間管理

螞蟻與蚱蜢 （伊索寓言）

螞蟻們正利用冬日的暖陽，曬牠們夏季所收集的穀物。有一隻快餓壞的蚱蜢剛好路過，哀求螞蟻們施捨一些食物給牠。螞蟻們不解地問牠：「你為什麼不在夏季裏儲藏一些食物呢？」蚱蜢回答說：「在夏季裏，我並沒有閒著，我整天都忙著唱歌！」螞蟻們就嘲笑地告訴牠：「假如你笨到整個夏季都在唱歌，那麼你就活該在冬天裏忍受飢餓！」

動動腦

1. 你是否曾有類似蚱蜢「我並沒有閒著，我整天都忙著……所以，我無法……」的感受？
2. 你是否缺乏對事情的輕重緩急，訂定時間管理，導致心情的惶恐與沮喪？
3. 有什麼樣的方法，可以有效地針對事情來管理時間呢？

生涯智慧

時間管理不當，缺乏遠見，做事沒有章法，是蚱蜢在冬日所面臨的困境。

在我們日常生活中，可以看到有些同學期中考的前一天晚上，才開始借筆記、找書本，猛K、硬K，K到隔天早上去考試，考試時發現頭好重、眼皮很沈、腦袋一片空白。也有些人做事不分輕重緩急，剛開始拖拖拉拉做些輕鬆的工作，到了最後一刻，時間不夠了，才匆匆忙忙將重要工作完成，然後說：「對不起，時間很趕，有錯誤或疏忽之處請多包涵。」時間管理不當，個人或組織都得付出代價。

國平是工廠的領班，負責聖誕飾品的外銷業務。去年原本預定準時出貨的聖誕飾品，因為工廠職員不滿加班時間過長，而全體抵制加班，導致最後聖誕飾品無法如期完成。公司去年損失慘重，今年聖誕節的訂單也大幅滑落。

國平事後檢討，發現如果當初時間管制得當，工廠職員不加班還是做得完。很多事情要靠加班才能完成，畢竟不是最好的方法。

上帝很公平，給每個人每天一樣多的時間，不分皇帝還是乞丐，窮人還是富人。時間與其他資源（例如金錢、石油、食物等）不同，它不能買，不能賣，不能借，不能還，不能儲存，也不能改變。但是，當我們忙著討論「如何節省時間」的技巧時，我們往往忽略兩件事情：如何有效率地運用時間，以及如何因目標的輕重緩急而分配時間。

一、時間運用

首先，爲了有效率地運用時間，以下問題可以提供你參考：

(1)一天之高效能時間何在？

一般是上午九時至十一時，下午一時至四時。

(2)一週之高效能的時間何在？

一般是星期二、三、四。

(3)睡眠之高效能時間何在？

一般是午夜十二時至淸晨，及中午午休時段。

(4)每天工作／讀書生產力時間是多少？

(5)每天浪費時間多少？是那些事情？

(6)如果你每天有額外的兩小時，你喜歡處理那一件重要工作？

(7)在過去一年中，你曾用至少一星期的時間，來記錄你使用時間的方式嗎？

(8)你是否有將事情的急迫性與重要性分類？

(9)你是否總有時間做最重要的事情呢？

(10)你是否能夠按照計劃，在預定的時間內完成工作？

其實，管理時間而不被時間、事情追著跑是不容易的。時間管理的關鍵不在於完成每一件自己喜歡的事，

而是完成事情的價值與品質。理想的狀況是，越重要的事我們做得越好，越急的事情我們做得越有效率。

二、時間管理

一種簡單而有效的方法是去設定事情的優先順序，一般可以分為以下四種類型：(1)重要而緊急。(2)重要但不緊急。(3)緊急但不重要。(4)不緊急也不重要。

(1)重要而且緊急的工作是指事情的重要性高，而且需要立即的行動。此類事情帶給人們較高的壓力。譬如老闆緊急交辦的工作、重要客戶來訪、家人臨時生病住院、不擅長的必修科目隔天要期末考試等。

(2)重要但不緊急，這類事情對個人而言是很有意義的，可能是許久的盼望或長遠的目標。通常這類事情挑戰性高，困難度亦高。最常見的例如參加明年的重要考試、年底的婚禮、下星期應徵工作面試等。

(3)緊急但不重要的事情，本身重要性不高，但因為時間的壓力，需要趕快採取行動，例如接電話、換尿布、煮飯、處理郵件等。

(4)不緊急而且不重要的事情，本身沒有迫切完成的壓力，而且重要性不高，例如打電話和老同學閒聊、唱卡拉OK、逛街、看電視、寫問候信等。

基本上，我們可以先記錄每週的時間流水帳，然後將每週的事情依重要性與急迫性分爲上列四種類型。設定事情的優先順序很簡單，重要的是要克服這種一般人常有的心理傾向：逃避壓力，想要處理那些容易、快速完成的事情。

　　素雲每次在期末考試前特別喜歡做不緊急也不重要的事情，例如她會花整個週末逛街、買衣服、買髮夾等，而且整個學期不曾打掃的房間，也會在期末考前打掃得乾乾淨淨。至於期末考試的科目，都是囫圇吞棗，借同學筆記看一看，結果有的低空飛過，有的不幸被當。

　　逃避壓力的結果，就是犯了時間管理的大忌：把不緊急且不重要的事擺在第一位，卻把重要且緊急的置於最後。

結語

　　當你能澄清目標，判定事情的輕重緩急，以及習慣性地先做重要的事情時，就能靈活地支配自己的時間。

　　寓言中，蚱蜢在夏季終日唱歌，忘了追求自己的目標，因而在冬日來臨時措手不及，結果被螞蟻嘲笑。

　　時間管理是自我管理的一部份，而此部份正是生涯管理與規劃的基礎，不可掉以輕心。

實例

　　小文是某大學法律系的學生。對她而言，考上律師、司法官是不變的志向。畢業後，小文很順利地在律師事務所當助理，工作內容繁重、雜瑣，很難有時間唸書，因此在工作兩年之後就辭職，回系上當助教。因為工作的需要，小文開始接觸電腦。她覺得非常有趣，也開始到電腦班上課，學習軟體應用，最近也想報名程式設計的課程。同時，小文因為在大學時修過日文，成績很好，所以回學校後她一、三、五晚上固定會去上日文課。

　　小文非常忙碌，每天一大早出門，到了晚上十一點多才回到家，能和家人相處的時間很短。日復一日，回學校一年多，她覺得自己是越來越忙，離目標越來越遠，眼看著律師、司法官的考試日期就要到了，她心裏更慌。她告訴自己：「今年又沒希望了！就當做模擬考，考考看，說不定瞎貓會碰到死耗子。」透過與小文晤談的結果，小文在人格特質與職業興趣的選擇都非常適合法律專業人員的工作。她有正義感、做事負責、細心、反應很快。但是，她的時間規劃出了問題。律師、司法官的考試科目是英文，她唸的是日文；專業科目考的是民法、刑法……她補習的是電腦。經過時間流水帳的整理，她將四個部份的事情整理如下：

	不重要	重要
急	逛街 和同學聊天、看電影 學日文、參加檢定考 學電腦，讓老師使用系上電腦 大學同學的聯絡 舉辦同學會	律師考試 司法官考試 唸英文
不急	辦公室文件處理 學生作業的收發 聯絡系上老師與學生 與電腦中心聯絡 辦公室軟硬體設備的出借	寄東西給國外留學的哥哥 學生成績的彙整 系主任交辦的工作 年度預算編列

　　最後，小文語重心長地說：「律師、司法官的考試是重要但遙遠的，考了這麼多年，我越考越沒信心。學電腦、學日文我沒有壓力，很容易看到學習成果，因此，我在唸法律書籍時沒半小時就不自覺地玩起電腦，背背日文。所以，我每天都帶好多的書，扛來扛去，你若問我唸到什麼，我只能告訴你：不知道。」

　　小文覺察這樣的惡性循環之後，她決定首先暫時放棄日文、電腦，然後把準備考試的方向也略為調整。她打算把高難度的考試放在後面，一步一步來，先從「比較容易考上」的開始，例如先參加公證人考試，先建立信心。調整腳步，透過時間的重新安排，她覺得現在還是很忙，但是忙得踏實而有方向。

每週時間流水帳

事　　　情	每日花費時間	每週花費時間
睡眠		
上班/上學前準備（漱洗、早餐）		
上下班/上下學時間		
每日交通時間		
家人溫馨相處時間		
晚餐（準備、做飯菜、處理善後）		
休閒娛樂（看電視、電影、釣魚等）		
閱讀		
進修課程		
朋友聚會、社交		
家務事（打掃、洗衣、拖地）		
其他		
總　　　計	24 小時	168 小時

想一想

　　根據每週時間流水帳的整理，你是否能夠將此份時間帳單做一番整理嗎？

	不重要	重要
急		
不急		

我的姓名：＿＿＿＿＿＿

日　　期：＿＿＿＿＿＿

想一想：今年工作計畫

　　我們提到針對目標來管理時間，或許需要一段時間思考，現在讓我們試試看吧！

我想達成的重要目標	預定完成日期	為了達成目標必須完成的事
1.		
2.		
3.		
4.		
5.		

我必須做的事： 　　　　　　　　　　　　月　　日	
最有效率的方法： 	
為了目標所需有的情報、技術 能力： 	本星期我預定踏出的第一步： 　　　　　　　月　　日
上述以外所具備的情報、技術 及能力： 	接下去的步驟： 　　　　　　　月　　日
有那些資源我可以利用： 	再下去的步驟： 　　　　　　　月　　日

資料來源：改編自羅文基(民 81)，生涯規劃與發展。

休閒生涯

愚人吃鹽 （百喻1）

有一位愚人，到朋友家作客。朋友做了幾道菜招待他，他卻嫌味道太淡，朋友只好再加些鹽巴。

當他再品嚐這些加鹽的菜時，覺得非常可口，便想：「只加一點點鹽巴，就這麼好吃，若再加多一點，一定更好。」

於是，這位愚人回家後，不再吃菜，只吃鹽巴，被鹹得哇哇叫。

動動腦

1. 鹽巴適量就好，休閒生活如何才是適量呢？
2. 休閒者與工作者都同屬於生涯角色，你認為兩者之間的關係是如何呢？
3. 你打算如何安排你的休閒活動呢？
4. 你喜歡什麼樣的生活方式呢？

生涯智慧

適量就是美，休閒生活對於一個人的工作生涯也正是如此。

台灣社會這幾十年來面臨經濟型態的轉型，休閒生

活的觀念也大為改善，四十年代是不花錢的休閒，例如下棋、喝茶、乘涼、閒談；五十年代是拼命賺錢、不休閒，家庭即工廠，連家庭主婦也會想辦法找家庭代工等工作來貼補家用；六十年代講究休閒是生活的調劑，電視已成為生活中不可或缺的必需品，隨著經濟成長率增加，國民所得提高，人們的休閒意識也開始抬頭；到了七十年代，休閒成為一種權利，由於政治解嚴，國民所得突破三千美元，產品只要掛上「休閒」兩個字便行情看漲，例如休閒運動飲料、休閒廣場、休閒運動器材、休閒食品等。到了今天，迎接二十一世紀的到來，台灣企圖成為亞太營運中心，與國際間的往來、互動更是頻繁。君不見，只要是春節、暑假、連續假日，中正國際機場的人潮洶湧，真像是菜市場，一不小心就迷失於人海之中。

一、休閒活動的種類

美國學者凱利(Kelley)根據人的目的，將休閒活動分為四類：

㈠無目的的休閒活動

心理上感覺輕鬆和自由，沒有義務和責任。是解放，也是純然忘懷的享受。在銀行工作的吳小姐說：「全世界最煩人的，就是人和錢。我每天上班面對的也都是這兩樣東西。所以，每年出國自助旅行是我最大的享受，甚至是生命動力的泉源。」

㈡補償性、恢復性的休閒

在工作中所失落的，透過休閒來滿足。心理學家發現，自我實現、贏得自尊是每個人所追求的，但在工作方面能滿足的人是少之又少；所以有些人到生命線、醫院、寺廟擔任義工，實現生命的意義和價值。同樣的，也有很多工程師，下班後第一件事是到網球場報到，打打球，舒展筋骨，排解情緒，這也是個好方法。

㈢人際式、情感式的休閒

這是為了維繫家人、朋友、同事間的情感，所積極從事的活動。李先生是一家模具工廠的負責人，假日最典型的休閒活動就是和親友們打高爾夫球。他說這是他的運動，也是他的社交生活。

此類的休閒方式，常常是「人在江湖，身不由己」。

㈣角色義務式的休閒

此種休閒是責任的延伸，但也期望達到情感連繫的目的。比方說：「內在美」的父親，休假到美國渡假並探望親人，春節期間回南部老家吃團圓飯，中秋節帶全家一起到郊外吃月餅賞月。其他像公司聚餐、員工旅遊，亦屬於角色義務式的休閒。

沒有休閒的生活是枯燥的。但是，分身乏術的現代人時間常常不夠用，一個人要扮演多重角色（家長、工作者、學習者等……），最後才是休閒者的角色。或者像有些做父親的，為了履行角色義務式的休閒，為了不讓家人失望，強打精神當司機，車子到達目的地，大家

下了車，他便在車上開冷氣睡覺。

「休息是為了走更遠的路」。如何安排休閒生活，讓不渡假、很少渡假、沒時間渡假，或隨便渡假的人，擁有適度的、精緻的休閒呢？

二、休閒生活的安排

我們以遊玩、娛樂(Play)這個字，來介紹休閒生活的安排：

Plan——計劃。休閒生活三要素：時間、金錢與健康。休閒生活的安排要依照自己擁有三要素的多寡、長短、好壞來決定，例如有時間、有金錢，但健康狀況不佳，若想出國渡假，最好選擇行程不宜過長、過累，且旅遊國家的醫療資源豐富者。如果身體好、有時間，但金錢較為缺乏，可以盡量選擇花費較低的國家旅遊，以及安排使用較便宜的住宿與交通工具。

針對上班族而言，休閒渡假之前工作的安排與行前計劃非常重要。有些人出國渡假，擔心業務代理人工作不熟悉，害怕家中出狀況，心情沒放鬆。若事前缺乏準備，完全失去休閒的意義，所以，休閒計劃亦需納入每年的年度計劃之中。

Leisure——空閒。亞里士多德曾說過：「凡在一種自由選擇、自我滿足的心態下，從事一種並無特殊目的、也不感到勞累的活動，即屬休閒。」

由此可見休閒是將心裏被工作、生活所佔滿的壓力

掏空出來，讓自己處於空閒、輕鬆的狀態。休閒不一定要出國，如果出國旅行是體力與金錢的雙重負擔，那麼到鄉間小路走一走，種花蒔草，怡情養性，讓心情處於閒適、安怡的狀態，反而更好。

Art——藝術。休閒生活的安排也可以是一門藝術。渡假可以是多元化，多方向的。比方說，對藝術有興趣，參加博物館之旅與藝術研習，將可達到研習與休閒雙重目的。更有生物老師參加賞鳥自助旅行，對自己是休閒，對教學而言是進修，一舉數得，收穫豐富。

Youth——青春。保持青春活力與對新事物源源不斷的好奇之心，避免以批評的態度看待不同的人、事、物，可以增加旅遊樂趣。「勇於打破熟悉的生活，什麼都不妨試試」，可以玩得最盡興、最投入。

三、結語

PLAY，遊戲，娛樂。假期人人有，但不是人人會渡假。休閒生活的安排端賴於個人生活方式的選擇。如果把所有事情的優先順序都擺在休閒前面，那麼時間不夠用，休閒活動也排不進來了。

休閒不是經濟性活動，無法帶來物質的收穫，但往往能帶來意想不到的樂趣。難怪有人說：二十一世紀是由休閒主導的世紀。

實例

　　明芬在一家公司擔任總經理的秘書，最近上班常常肩膀僵硬、頭痛欲裂。今早小李拿一份公文請總經理簽，因為錯了幾個字，明芬就把小李罵了一頓。明芬事後回想起來，覺得自己情緒有些失控。明芬這樣子的狀況已經持續一段時間，由於壓力過大，公事、私事兩頭忙。在辦公室，明芬的能幹、效率是有名的，她不僅是總經理秘書，同時也負責專案企劃的工作。下班後，她先到保母家接小孩，然後煮飯、作菜、洗碗、洗衣……忙下來就快十二點了。

　　明芬只是想把本份的工作做好，沒想到會這麼累。Do Everything Best是她自己的期許，所以，她盡力扮演好秘書、媽媽、太太、媳婦、女兒這五個角色。這五種角色，如何調配呢？明芬差了一個角色——善待自己，才使得她自己如蠟燭兩頭燒。對自己好，善待自己，才能使自己在忙碌的生活中喘口氣。這是個認真打拼的時代，明芬的壓力很大，要是不讓自己有休息的機會，就會出現頭痛的症狀。

　　安排假期到國外走一走，和昔日閨中好友聚一聚、聊一聊，或是每天留五至十分鐘給自己聽音樂、看看書，這些都是明芬安排休閒生活的好方法，也唯有如此，才能讓她喘口氣，鬆弛心情，避免壓力過大而影響健康。

一般上班族在一生中所負的精神壓力來源

工　　　作	年　齡	家　　　　庭
*進入公司 *與上司發生糾紛 *出差國外 *工作量增加 *公司內部考試 *單身赴任國外	二十二 歲……	*太太辭去工作 *發生車禍 *結婚 *用貸款買車 *戀愛
*升遷 *人事調動 *調職 *改行 *與部下發生糾紛 *與上司發生糾紛 *公司改變組織 *責任發生變化	三十歲……	*罹患成人病 *小孩上小學 *小孩生病 *夫妻吵架 *婆媳之間的糾紛 *搬家 *長子誕生
*公司遷移、新建 *因表現優秀而受表揚 *解聘 *事業失敗 *調職 *降級 *升級	四十歲……	*小孩成績退步 *小孩考高中 *太太開始工作 *太太有外遇 *家計惡化 *貸款購買房子 *外遇被發覺
*單身赴任 *公司內的派系爭執 *升遷	五十歲……	*夫妻和解 *夫妻一起旅行 *小孩的就業、自立 *親友死亡 *夫妻分居 *小孩考大學 *父母死亡
*達到規定年齡 *再就業 *退休	六十歲……	*太太死亡 *住院 *罹患老人病 *開始以退休金生活 *長孫誕生

資料來源：岡田正樹（民 79 年）。

想一想：我喜歡的生活方式

　　下面列有許多生活型態的項目，對每個人的重要性是不一樣的。瞭解這些項目對自己的重要程度，對未來生活的規劃與安排會有所助益。試著想想看，每個項目對自己的重要程度是如何？若你覺得該項目很重要，就在「很重要」欄打√，若覺得該項目的重要程度是中等的，就在「普通重要」欄內打√；若你覺得它只是稍微的重要，就在「稍微重要」欄內打√；若它對你而言，一點也不重要，就在「不重要」欄內打√。

生活型態項目	很重要	普通重要	稍微重要	不重要
住在寧靜的鄉村				
生活富有挑戰性、創造力				
有崇高的社會聲望				
能自由支配金錢				
有充裕的工作閒暇做自己感興趣的事				
住在都市地區				
積極參與社區活動				
居住在文化水準較高的地區				
經常旅行，擴展視野				
居住在小孩上學方便的地方				
每天有固定的時間和家人相處				
可自由支配自己的時間				

每天準時下班				
擔任主管之職務				
擁有寬廣、舒適的生活空間				
工作安定有保障				
擁有豐富的經濟收入				
和朋友保持密切的交往				
和父母住在一起,承歡膝下				
參加和宗教有關的活動				
每個月有固定的儲蓄				
固定居住在某個地方				
隨時吸收新知、充實自己				
和妻(或夫)住在一起				
調配時間督導子女的課業				
和家人共享假期				
每天運動、鍛鍊身心				
工作之餘參與社團活動				
能密切配合的工作夥伴				
貢獻自己所能、參與社會服務				

請將勾選為「很重要」的生活型態項目,列在下面的空格中:

1. _____

2. _____

3. _____

4. _____

5. _____

6. _____

7. _____

8. _____

9. _____

10. _____

資料來源：黃天中（民 80),生涯與生活,pp.112-113.

參考書目

一、中文部份

大學生涯輔導論文集（民84），台北：行政院青年輔導
　　委員會。

中國測驗學會（民72）：青年性向測驗指導手冊。台
　　北：行政院青年輔導委員會。

伊索寓言（民82），台北：華一書局有限公司。

余阿勳、劉焜輝譯（民68），愛與恨的心理學。台北：
　　水牛出版社。

吳怡靜（民83），讓心情放個假。天下雜誌，一九九四
　　年一月一日，pp.160-162。

金樹人（民77），生計發展與輔導。台北：天馬文化事
　　業公司。

林幸台（民76），生計輔導的理論與實施，台北：五南
　　圖書公司。

姚明嘉（民80），十年企業風雲誰上？誰下？。天下雜

誌，一九九一年六月十五日，pp.19-20。

余英時，求知的故事。聯合報，民國八十四年七月二十
　　五日，第三十七版。

殷允芃（民84），鳥一樣的翱翔──能力導向的未來。
　　天下雜誌，一九九五年五月十三日，pp.22-23。

陳麗如（民83），大學生生涯發展阻隔因素之研究。國
　　立台灣師範大學教育心理與輔導研究所論文，未出
　　版。

黃天中（民80），生涯與生活。台北：桂冠圖書出版有
　　限公司。

張春興（民78），張氏心理學辭典。台北：東華書局。

張添洲（民82），生涯發展與規劃。台北：五南圖書公
　　司。

黃明城（民83），凡夫俗子。台南：法喜出版社。

楊朝祥（民79），生計輔導──終生的輔導歷程。台北：
　　行政院青年輔導委員會。

廖誠麟（民81），企業需才、求才狀況最新調查報告
　　──致勝策略求新求變。管理雜誌，第215期，pp.94-
　　106。

羅文基、朱湘芬、陳如山合著（民81），生涯規劃與發
　　展。台北：天馬文化事業有限公司。

二、英文部份

Bingham, M., Edmondson, J. & Stryker, S. (1985). *Choices: A Teen Woman's Journal for Self-Awareness and Personal Planning*. Advocacy Press, U.S.A.

Carney, C. G. & Wells, C. F. (1994). *Discover the Career Within You*. Books/Cole Publishing Company, U.S.A.

Roe, A. (1957), "Early Determinants of Vocation Choice ," Journal of Counseling Psychology, Vol. 4, pp.212-217.

Super, D. E. (1953), "A Theory of Vocation Development ," American Psychologist, pp.189-190.

Super, D. E. (1957), *Vocational Development: A Frame Work for Research*. New York: Teachers College. Columbia University.

生涯規劃自己來

現代生活系列 6

著　　者 ■ 洪鳳儀

出 版 者 ■ 揚智文化事業股份有限公司

發 行 人 ■ 葉忠賢

責任編輯 ■ 賴筱彌

地　　址 ■ 台北市新生南路三段 88 號 5 樓之 6

電　　話 ■ (02)2366-0309

傳　　真 ■ (02)2366-0310

登 記 證 ■ 局版北市業字第 1117 號

法律顧問 ■ 北辰著作權事務所 蕭雄淋律師

印　　刷 ■ 偉勵彩色印刷股份有限公司

初版四刷 ■ 2000 年 4 月

I S B N ■ 957-9272-79-4

定　　價 ■ 新台幣 250 元

南區總經銷 ■ 昱泓圖書有限公司

地　　址 ■ 嘉義市通化四街 45 號

電　　話 ■ (05)231-1949　231-1572

傳　　真 ■ (05)231-1002

✉ E-mail:tn605547@ms6.tisnet.net.tw

網　　址:http://www.ycrc.com.tw

國家圖書館出版品預行編目資料

生涯規劃自己來 ／ 洪鳳儀. -- 初版.

-- 臺北市：揚智文化，1996[民85]

　　面 ；　　公分. --(現代生活系列；6)

參考書目: 面

ISBN 957-9272-79-4(平裝)

　1.生涯規劃

192.1　　　　　　　　　　　　85009528